시민의 꿈 혁신의 길

시민의 꿈
혁신의 길

HOPE OF CITIZEN　WAY TO INNOVATION

송재봉

고두미

책머리에

변방의 주인으로, 변화의 주체로

"참여하는 사람은 주인이고, 그렇지 않은 사람은 손님이다"라고 한 도산 안창호 선생님의 말씀처럼, 도시의 주인이 시민이지만 진정한 주인은 참여하는 시민의 몫이다. 문제는 참여하고자 하는 시민들에게 '청주시가 열려 있는가'이다. 지난 1998년 이후 23년간 지속된 성공한(?) 행정관료 출신이 청주시정을 이끌어 오면서 청주시민은 도시의 주인으로 인정받고 도시 경영의 주체로 참여해 왔는지 반문해 본다. 필자가 생각할 때 시민은 아직도 시정의 주인 역할보다는 행정의 수혜자이자 관객의 위치에 머물러 있다.

한국사회는 대전환의 기로에 서 있다. 코로나 팬데믹, 기후 위기, 디지털 전환, 사회불평등 심화는 우리의 일상적 삶을 빠르게 변화시키며 세대·지역·계층 간 갈등과 대립을 격화시키고 있다. 청년과 노년세대, 지역의 소상공인 등 다수의 소시민들은 미래에 대한 불안감이 커지고 있다. 기성세대와 기득권에 대한 불신과 미래에 대한 불안은 정치의 세대교체와 세력교체 바람으로 나타나고 있다. MZ세대가 정치와 사회의 주역으로 등장함에 따라 기존의 사람과 담론, 정책으로는 높아진 국민의 기대와 요구를 제대로 담아내기 어려운 상황이다. 시민들도 삼삼오오 모이면 변화를 이야기 하고 있다. 좀 더 젊고 새로운 사람이 역동적으로 시정을 펼치는 모습을 보고 싶어 한다.

동시에 나이만 젊은 정치가 아닌 시민 중심의 새로운 관점으로 지역사회를 혁신적으로 변화시켜 낼 새로운 정치에 대한 갈망이 깊다. 시민은 지방정치 무대의 관객에서 주인공으로 역할 전환을 해야 한다. 행정 혁신, 세대 전환, 도시 전환의 청사진을 가지고 새로운 도전을 꿈꾸는 사람, 청주를 바꿀 수 있는 미래비전이 있는 새로운 정치인을 기대하고 있다.

우리는 매 순간 주인으로 살 것인지, 손님으로 살 것인지 선택의 기로에 서게 된다. 내 삶의 주인, 마을의 주인, 지역사회의 주인, 대한민국의 당당한 주권자로서 살아가려는 의지와 신념이 있다면 자신이 소속된 조직과 지역의 일에 관심을 가지고 참여해서 더 나은 방향으로 변화시키려는 시도를 해야 한다. 주인의식 없이 손님으로 살아간다면 나의 귀한 시간과 돈을 투자하면서 문제를 파악하고 해결책을 찾는 노력을 기울일 이유가 없는 것이다.

주인의식이 있으면 사물과 문제를 바라보는 시각이 달라진다. 자세히 보고, 한 번 더 생각하고 개선할 점은 없는지 고민의 시간을 갖게 된다. 내가 발 딛고 서 있는 위치에 대한 자각이 문제를 바라보는 관점을 다르게 만든다. 주인의식이 있는 사람은 문제를 단순히 지적하거나, 냉소적 비난으로 끝내지 않는다. 반드시 문제의 해결책을 찾는 노력을 기울인다. 주변의 의견을 들어가며 더 나은 대안을 찾는 시도를 멈추지 않는다. 지금까지 나는, 지역사회 변화를 위한 활동의 과정에서 주인의식으로 무장된 우리 지역의 많은 기업인과 다양한 사회 혁신가들을 만나면서 제대로 된 변화 리더십이 형성되면 우리 지역도 전국 어느 곳보다 앞선 사회혁신 모델을 만들어 낼 역량을 가지고 있음을 확인했다.

주인의식이 과도하면 폐쇄적 지역주의자가 되기도 한다. 지역의 주인은 나 혼자가 아닌 공동체를 구성하고 있는 우리 모두라는 개방적 태도를 견지하는 것도 중요하다. 정말 지역과 자신이 속한 조직을 사랑하는 사람은 자신이 손해를 볼지언정 공동체가 파괴되는 길을 결코 선택하지 않는다. 대의를 위해서 내 맘이 좀 불편해도 참는다. 이런 사람이 진짜 주인이다. 우리 지역도 이제 폐쇄적 연고주의를 뛰어넘어 외부와 내부를 향해 개방적으로 연대하는 사회로 진화해 나가야 한다. 지역에서 태어난 것을 기준으로 지역사람과 타지인을 구분하는 시대는 지났다. 지역의 일꾼을 바라보는 기준도 변화되면 좋겠다. 지역사회에서 어떤 역할을 하며 살아 왔는지, 어떤 비전을 가지고 있는지, 무엇을 하려고 하는지 등 실존적 삶을 중시하는 방향으로 나아갔으면 하는 기대를 해본다.

신영복 선생은 『변방을 찾아서』에서 변방의식을 이렇게 이야기한다. "모든 살아 있는 생물은 부단히 변화한다. 변화하기 때문에 살아 있는 것이다. 중심부가 쇠락하는 이유는 변화하지 못하기 때문이다. 변방이 새로운 중심이 되는 것은 그곳이 변화의 공간이고, 창조의 공간이고, 생명의 공간이기 때문이다." 이어서 "변방이 창조의 공간이 되기 위해서는 중심부에 대한 열등의식이 없어야 한다. 중심부에 대한 콤플렉스를 청산하지 못하면 변방은 그야말로 '변방(邊方)'에 지나지 않고 변화를 추구하기보다 더 완고한 교조에 빠질 수 있다."는 경고를 통해 개방적이고 주체적인 지역주의를 강조하였다.

대한민국 최고의 변방은 어디일까? 지역사회 발전을 위한 현장 활동을 할 때도 그랬고, 청와대에서 근무하면서 들었던 생각은 청주와 충북이 아닐까하는 것이었다. 서울과의 물리적 거리로 보면 청주는 신 수도권에 속한다. 그러나 거리만으로 변방을 이야기 할 수는 없다. 청주가 변방이라 생각하는 것은 중심과의 심리적 거리가 멀고 중앙에 대한 콤플렉스를 극복하지 못하고 있기 때문이다. 패배주의적 생각으로 중앙을 향해 과감하게 도전하지 못하고, 선도적인 일을 주저하는 경향이 있다. 지방자치 이후 경제와 인구지표는 꾸준히 성장하고 있지만 정치·사회·문화적인 측면에서는 여전히 변방의 위치를 벗어나지 못하고 있다.

그러나 동시에 우리 지역은 건강한 '변방의식'을 가지고 대한민국 정부 혁신과 경제 혁신, 사회 혁신의 중심이 될 수 있을 것이란 희망도 보여주고 있다. 최근 청주는 깨어 있는 시민들의 조직인 시민사회가 빠르게 성장하고 있으며, 분권 균형발전 운동의 중심지역이 되고 있고, 경제·산업·교통 발달로 인한 국내외 교류인구가 증가하고 있다. 중앙권력에 의존하지 않고 지역사회 스스로 변화를 주도하려는 움직임도 활발해지고 있다. 정부 혁신과 지역사회 혁신을 바라는 시민들이 사회 혁신 생활실험을 하고, 양극화와 능력주의로 대표되는 신자유주의 경제의 대안으로 제시되고 있는 사회적 경제 기업도 빠르게 성장하고 있다.

 앞으로 시민의 선한 의지와 자발적 역량을 믿고, 시민이 스스로 더 많이 결정할 수 있는 기회를 만드는 리더가 있다면, 청주는 새로움을 갈망하고, 참여를 통해 협치를 이루고, 변화를 만들고자 하는 열정적인 시민의 힘으로 대한민국 혁신의 중심도시가 될 수 있을 것이라 믿는다.

 나는 청주가, 과거의 관행에 의존하는 관료행정의 시대를 탈피한 선례가 되기를 바란다. 탁상형 엘리트 정치가 반복되어서는 청주의 미래가 없다. 시민들이 상상하고 꿈꾸는 일들을 마음껏 펼칠 수 있는 기회의 장을 만들어 내는 개방적이고 민주적인 리더십이 필요하다. 또 법과 제도를 앞서서 만들고 예산의 우선순위를 시민의 삶의 질 중심으로 전환하는 등 도전적이고 미래지향적인 정치 리더십이 필요하다.

 남들이 가지 않은 새로운 길을 개척하는 것은 외롭고 고독한 길이지만, 시대가 요구하고 시민의 더 나은 미래를 위해 가야할 길이라면, 지금까지 살아온 것처럼 다시 첫 출발선에 서서 나에게 주어진 길을 묵묵히 걸어가야겠다.

책이 나오기까지 참 많은 분들의 도움이 있었다. 원고와 자료 정리 초기부터 함께 지혜를 보태준 최상일 소장, 연말 정말 바쁜 시간을 쪼개서 교정, 교열작업에 도움을 주신 김은숙 작가님, 추천사를 부탁드렸는데 오타까지 꼼꼼히 보아 주시고 잘못 인용한 역사 기록을 수정해 주신 강태재 이사장님, 부족한 원고에 마법의 손길을 보태 그럴듯한 책으로 만들어 주신 고두미 출판사 유정환 대표님, 그리고 바쁘신 중에도 졸고를 꼼꼼하게 읽어주시고 과분한 추천의 글을 써주신 도종환 국회의원님, 이장섭 국회의원님, 모든 분들께 깊은 감사의 인사를 올린다. 지금 이 시간까지 긴 시간 함께 살아와 준 평생 동지이자 사랑하는 아내 김인순, 딸 소연, 아들 준호에게도 고마운 마음을 남긴다.

2022년 새해를 맞으며
송재봉

추천의 글

시민이 주인이다!

출사표, 전쟁터에 출병하면서 임금에게 올리는 글(표문)을 출사표라고 하지요. 이 책은 정치인으로 나서는 송재봉의 출사표입니다. 삼국지를 통해 널리 알려진 중국 촉나라 재상 제갈량의 출사표가 유명하지요. 빼어난 문장과 나라에 대한 애국심, 황제에 대한 충성심이 담긴 심금을 울리는 명문으로 회자되고 있지요. 제갈량의 출사표가 뛰어난 명문이라면 청주시민에게 올리는 송재봉의 출사표는 그의 땀과 눈물, 뜨거운 열정과 지칠 줄 모르는 끈기로써 엮어낸 역정이 석류알처럼 빼곡하게 들어 있습니다.

민주화운동 출신으로서 오랜 기간 시민운동가로 성장하여 청와대 행정관을 역임하고 돌아온 그는 우리 사회에서 쉽사리 보기 어려운 경력을 쌓은 일꾼입니다. 학생운동을 하면서 감옥살이도 했고, 시민운동가로서 오랜 기간 발군의 역량을 발휘하여 지역 시민사회를 이끌어 왔으며, 청와대 행정관으로서 국정 또한 익힐 수 있었던 것은 소중한 경험이지요. 그의 말처럼 '문제 제기자'에서 '문제 해결자'로 역할이 바뀌다 보니 역지사지, 쌍방향을 다 볼 수 있는 안목을 갖게 된 것이지요.

　일방통행으로만 걸어 온 사람에게서 소통역량을 기대하기 어렵고, 기존의 질서에 익숙한 사람에게서 변화와 혁신을 기대하기 어렵습니다. 사람은 자신이 경험한 것을 뛰어넘는 일을 수행하는 것은 매우 어려운 일입니다. 그간의 선출직 정치인들을 보면 그들이 익혀온 업무방식과 언어, 소통방식을 벗어나기 쉽지 않다는 것을 알 수 있습니다.

　'지나온 길을 보면 갈 길을 알 수 있다'고 합니다. 송재봉은 시민운동가로서 누구보다도 지역사회를 깊이 꿰뚫고 있습니다. 수십 년간 지역사회의 변화와 혁신을 추구한 수많은 일들이 자연스럽게 지역 전문가로서 자리매김 하였습니다. 그는 학문적으로도 정치와 행정을 전공하였고, 민관 거버넌스를 통해 쌍방향 소통을 일상적으로 해온 풀뿌리 지방자치가 체화된 사람입니다. 그는 평생 '시민이 주인 되는 세상'을 추구해 온 사람입니다. 그는 아무리 어려운 일이 닥쳐도 주저하거나 회피하지 않았습니다. 도시빈민 수준의 삶에서도 흔들리지 않았고 어떤 불의와도 타협하지 않았습니다.

이제 그가, "내를 건너서 숲으로 고개를 넘어서 마을로" 들어옵니다. 그리하여 '시민의 꿈, 혁신의 길'을 열어 갈 것입니다.

사단법인 충북시민재단 이사장
강태재

추천의 글

시대가 요구하는 정치인으로

그는 우리가 너무나 잘 아는 직업 시민운동가다. 1993년부터 지금까지 시민운동 분야에서 일해 왔고, 지역사회운동을 통해 지역을 역동적으로 움직여 온 활동가다. 지역의 현안, 지역의 과제, 지역의 요구를 누구보다 잘 알고 실천해 온 시민운동의 상징이다. 그런 송재봉이 청와대에 가서 사회조정비서관실, 정부 혁신과 사회 혁신을 담당하는 제도개혁 비서관실에서 일하면서 중앙의 시각과 경험을 장착하고 돌아왔다. 갈등을 관리하고 조정하고 해결하는 일을 경험했으며, 문제를 진단하고 문제 해결에 필요한 자원을 동원하고 연결하는 역할, 문제를 해결하는 역량을 쌓은 뒤 청주로 돌아왔다. 그는 문제를 제기하던 사람에서 문제를 해결하는 능력을 지닌 사람으로 성장한 것이다. 갈등을 조정하고, 얽힌 매듭을 풀며, 문제를 해결하는 능력이 곧 실력이며 정치력이라는 걸 온몸으로 체험하는 공부를 하고 돌아온 것이다.

위기의 시대, 대전환의 시대에 미래비전을 제시할 사람, 행정 쇄신, 정치 혁신, 도시 발전의 청사진을 가지고 지역을 바꿀 수 있는 실력 있는 사람에 대한 갈망이 크다. 시민 중심의 새로운 시각으로 시민정치 시대를 열어서 지역사회를 혁신하고 변화시켜 낼 사람, 영혼이 있는 정치를 할 인물에 대한 요구도 높다. 송재봉이 그런 기대에 부응하는 인물로 성장해 왔음을 이 책은 잘 보여주고 있다.

더불어민주당 국회의원
도종환

추천의 글

내딛는 새로운 길에 의미 있는 이정표가 되길

『시민의 꿈, 혁신의 길』은 저자 송재봉이 살아온 삶을 잘 표현하고 있다. 평범한 시민들이 더 좋은 지역사회를 만들고자 하는 꿈을 가지고 설립한 것이 시민단체이고, 시민단체의 활동은 기존의 질서에 순응하는 것이 아니라 새로운 변화를 만드는 혁신적인 제안과 요구를 하면서 성장해왔다. 이러한 시민단체에서 20대 중반에서 50대가 될 때까지 살아온 삶의 과정 자체가 혁신의 길이고 송재봉이라는 사람이 살아온 길이 아니었을까 하는 느낌으로 책을 읽었다.

저자는 강원도 정선에서 태어났지만 1986년 대학입학 이후 청주를 삶과 운동의 터전으로 삼고 살아왔다. 청주대 졸업 이후 1993년 충북참여자치시민연대를 통해 시민운동가로 변신하였다. 지역사회 문제 해결을 위한 현장중심의 활동, 분권과 자치의 정착, 지역중소상인 살리기 운동 등의 활동을 통해 운동가의 역량을 키우며 성장하는 모습을 지근거리에서 지켜봐 왔다. 2011년부터는 충북시민재단과 NGO센터를 통해 시민사회를 활동을 지원하고, 민관협치를 통해 지역의제 발굴과 현안과제를 해결하는 등 한곳에 머물러 있지 않고 꾸준히 변화하고 성장하는 활동가라는 생각도 하게 되었다.

지난 2018년 문재인 정부 청와대 행정관에 임명되어 3년 동안 전국의 첨예한 갈등 현장을 다니며 국민의 목소리를 경청하고, 정부 기관과 지방자치단체의 혁신을 독려하는 역할로 이어진 것은 자연스러운 과정이었다.

책을 읽으며 저자에게는 몇 가지 장점이 있다는 생각이 들었다. 무엇보다 그는 차분하지만 소신이 분명한 사람이다. 지역 시민운동 초기부터 25년을 한결같이 분권, 참여, 자치가 실현되는 지역사회를 지향해 왔으며, 시민의 입장에 서서 지역 문제를 해결하려는 진정성을 보여주었다. 둘째는 상대의 말을 경청할 줄 알고, 공론장의 활성화로 시민의 자발적 참여를 끌어내는 경험이 풍부하다는 점이다. 세 번째로 급속한 시대변화에 능동적으로 대응하고 사회적 갈등을 조정할 수 있는 혁신역량을 가지고 있다는 것이다. 청와대 행정관으로 활동하며 전국의 갈등현장 어디서든 함께 머리 맞대고 숙의하여 합리적인 대안을 도출할 수 있는 역량을 축적하였다. 향후 중앙과 지방정부의 혁신을 지원하며 터득한 그의 혁신역량이 지역사회에서 어떻게 활용될지 궁금하다.

저자의 삶과 비전을 볼 수 있는『시민의 꿈, 혁신의 길』책장을 한 장 한 장 넘기며, 나는 송재봉의 삶이 새로운 길을 만드는 혁신의 길이었음을 다시 한 번 확인하였다. 윤동주 시인의 시「새로운 길」에서 따온 '내를 건너서 숲으로, 고개를 넘어서 마을로'는 저자의 삶과 앞으로 살아갈 방향의 키를 제시하고 있다는 생각도 하였다. 청주가 환경적으로 건강하고, 공동체가 살아 숨 쉬는 지역으로 발전해 나가야 한다는 희망과 꿈을 담고 있다고 느낌도 받았다. 시민운동가로 살아온 삶의 고민과 성과들 그리고 청주의 미래에 대한 비전을 담고 있는 이 한 권의 책이 저자가 내딛는 새로운 길에 의미 있는 이정표가 되길 기대해 본다.

더불어민주당 국회의원, 충북도당위원장
이장섭

시민의 꿈
혁신의 길
차례

추천의 글
강태재 | 시민이 주인이다!
도종환 | 시대가 요구하는 정치인으로
이장섭 | 내딛는 새로운 길에 의미 있는 이정표 되길

제1장 가슴에 새긴 별과 바람

윤동주와 나, 그리고 새로운 길 ___ 25
우암산을 닮은 사람 ___ 34
동범 선생과 시민운동의 길 ___ 51
청주와 청원을 하나로 ___ 64
시민운동의 토양과 NGO센터 ___ 73
청와대 3년을 통해 배운 것 ___ 91

제2장 등불을 밝혀 어둠을 조금 내몰고

도시 상징과 정체성 ___ 103
맑은 도시 청주淸州의 바람 ___ 112
다시 푸르러지는 길 ___ 120
상생과 통합의 정신 ___ 128
지역성과 지역인재 ___ 134
정치와 정치인, 내가 생각하는 정치 ___ 144

제3장 시대처럼 올 아침을 기다리며

지역의 미래에 대한 전망 ___ 155
변방이 변화의 원동력 ___ 159
갈등을 해결하는 지혜와 역량 ___ 166
협치와 숙의민주주의 ___ 171
지역혁신을 위한 리더 역량 ___ 176
혁신적 상상력이 도시의 미래를 바꾼다 ___ 181
뉴 노멀 시대 청주시의 새로운 발전전략 ___ 191
공유·공존·공감의 가치와 도시혁신 ___ 197
토목에서 건축으로, 시민이 만드는 도시 ___ 207
탄소중립, 에너지 자립 도시 ___ 215
사회적 경제를 지역사회 혁신의 거점으로 ___ 222

부록 송재봉 인터뷰 자료

『좋은 세상 설계자들』인터뷰
"지친 적은 있지만 흥미를 잃지는 않았다" ___ 237

〈중부매일〉인터뷰
"청와대 경험 살려 혁신적 사고로 관료정치 타파" ___ 251

제1장

가슴에 새긴 **별**과 **바람**

죽는 날까지 하늘을 우러러
한 점 부끄러움이 없기를,
잎새에 이는 바람에도
나는 괴로워했다.
별을 노래하는 마음으로
모든 죽어 가는 것을 사랑해야지.
그리고 나한테 주어진 길을
걸어가야겠다.

오늘 밤도 별이 바람에 스치운다.

― 윤동주 「序詩」 전문 ―

윤동주와 나, 그리고 새로운 길

20대 이전 나는 사람들 앞에 서면 얼굴이 빨개지고 말문이 막혀서 안절부절못하다가 제자리로 들어오는 수줍은 청년이었다. 마음속에는 뭐든 할 수 있다는 뜨거움이 있었지만, 내성적인 성격 탓에 그저 있는 듯 없는 듯 조용하게 주어진 규칙을 잘 따르는 모범생으로 살았다.

윤동주의 시에 담긴 나의 자화상

그래서일까, 고교 시절 윤동주의 시 「자화상」을 읽고 한참 눈길이 멈췄던 순간을 잊을 수가 없다. 오래 생각만 하고 적극적으로 행동하지 못하는 내 소극적 태도가 스스로 마음에 들지 않고 부끄럽게 생각했는데, 윤동주의 시에 바로 그런 나의 자화상이 담긴 것 같았다. 이후 내게 윤동주의 시는 교과서에서나 보는 화석화된 글이 아닌, 시대를 초월하여 항상 나와 동행하며 위로를 해주는 동반자가 되었다.

20대를 보낸 대학 시절 "죽는 날까지 하늘을 우러러 / 한 점 부끄러움이 없기를 / 잎새에 이는 바람에도 / 나는 괴로워했다. (중략) 모든 죽어가는 것을 사랑해야지"라고 노래한 윤동주 시인의 「서시」는 내 삶의 작은 나침반이 되었다.

대학 시절 학생운동을 하면서 동지들과 운동가에게 필요한 품성에 대한 이야기를 많이 나눴다. 냉철한 이성과 함께 불의와 부정에 대한 분노도 필요하지만, 차별받고 배제되고 있는 민중의 삶에 대한 구체적 이해와 연대, 나로부터의 실천과 겸손, 상대에 대한 배려, 자기 성찰 등이 더 필요하고 중요하다는 이야기들을 했던 것 같다. 특히 비판을 넘어서는 성찰의 자세가 중요하다는 생각이 강했던 나는 그 과정을 통해 성찰과 희생의 시인 윤동주를 더 사랑하고 존경하게 되었다.

청와대 행정관으로 일하면서 숙소를 평창동에 두게 되었다. 2018년 11월 어느 날 시내버스를 타고 부암동 고개를 오르는 길에서 '윤동주 문학관'이라는 안내 표지를 보게 되었다.

'이곳에 내가 좋아하는 시인 윤동주 문학관이 있다니!'

표지판을 보는 순간 필름이 정지되는 느낌이었다. 고등학생 시절부터 오래도록 마음에 새겨온 존경하는 사람을 우연히 만나는 느낌이랄까, 아니 앞으로도 마음에 새기고 가야 할 필연의 느낌이 더 컸다고 할 수 있다.

주말을 이용해 종로구 청운동 인왕산과 북악산 자락이 만나는 지점에 있는 윤동주 문학관을 찾았다. 연희전문학교(현 연세대학교) 문과 재학 시절, 종로구 누상동에서 하숙 생활을 하던 윤동주 시인이 인왕산 자락을 따라 종종 산책한 일대에 문학관이 세워졌다고 하니, 문학관을 돌아보는 내내 시인의 발자취와 향기가 남아 있는 느낌이었다.

2008년 운영이 중단된 수도 가압장을 그대로 살려 문학관을 지었는데 용정 생가에서 옮겨온 나무 우물이 있는 게 특별히 눈길을 끌었다. 윤동주 시인이 「자화상」에서 천착했던 우물이 곳곳에 투영된 문학관이 내게는 새롭게 느껴졌다. 수도 가압장 지붕을 개방하여 지은 문학관은 윤동주 시인의 삶의 무게와도 같았던 닫힌 우물에서, 새로운 길을 열어가는 열린 우물이 있는 문학관으로 재탄생했다는 평가를 문학관을 돌아보는 내내 실감할 수 있었다.

암울한 일제강점기의 끝자락을 깊은 고뇌와 좌절, 그 속에서 묵묵히 나의 길을 걸어가야겠다는 다짐의 시를 쓰고, 시와 같은 삶을 살아낸 윤동주 시인을 우리 국민 누구나 좋아하는 것은 너무도 당연한 게 아닐까 생각하며 오랜 스승과 동행하는 기분으로 전시실을 둘러보았다.

시인 윤동주의 삶과 나의 삶을 어찌 견줄 수 있을까. 시대가 다르고 정신의 토양과 실천의 무게가 차원이 다른 삶이지만, 오래도록 마음속에 품어오며 스스로 성찰하고 내가 걸어갈 길과 방향을 잡아가는 나침반이 되어 온 윤동주 시인. 그래서 그는 분명 나의 소중한 스승 중 한 분이다.

문학관을 나오며 어린 시절 부모님과의 추억, 소심한 모범생이지만 마음속에서는 끝없이 일탈을 준비하던 중·고교 시절, 대학과 학생운동, 시민운동가로 살아온 시간을 되돌아보았다. 나름 원칙을 지키고 우리 사회의 정치적 민주주의와 분권 참여 자치의 확장, 부당한 권력에 대한 비판과 감시활동을 통해 사회적 약자를 대변하고자 했고, 일상에서도 최소한 남에게 해가 되는 일을 하지 않으려고 노력해 온 듯싶다.

그런데 얼굴이 화끈거릴 정도로 부끄러운 장면들이 연이어 떠올라 강을 이룬다. 초등학교 다닐 때 뽀빠이 과자가 먹고 싶어서 부모님이 애지중지 키운 씨암탉이 낳은 달걀을 몰래 훔쳐 학교 앞 문구점에 팔아먹고 시치미 뗀 일, 학교 가는 것이 재미없어서 동네 형들과 무단으로 결석하고 내에서 고기 잡고 들에서 서리하며 신나게 놀다가 집에 돌아가서 마치 공부 잘하고 하교한 것처럼 부모님을 속인 일, 고등학교 시절 시험시간에 집단 부정행위를 하다 들켜 친구들과 함께 호되게 혼났던 일 등 개인적인 일부터, 대학 1학년 때 말로는 민주투사였지만 '전두환 정권을 비판하는 대자보를 학교 게시판에 부착하라'는 선배의 부탁을 받고 두려운 마음에 일이 있다는 핑계를 대고 서둘러 꽁무니를 사렸던 일, 국군기무사에서 취조받는 과정에 고문과 구타에 대한 두려움으로 친구와 후배들의 이름을 불어 자주대오 조직사건에 연루시킨 일, 시민운동가로 살면서 시민이 필요한 일이 무엇인지, 회원이 바라는 바가 무엇인지 깊이 있게 숙고하고 경청하기보다는, 내 생각이 옳다는 성급한 판단으로 하고 싶은 일을 먼저 하면서 명분은 마치 시민의 목소리를 대변하고 있는 것처럼 행동한 일 등 사회적 차원의 일까지 부끄러운 일이 한두 가지가 아니다.

밀물같이 밀려오는 부끄러움에 얼굴을 붉히다가 이런 부끄러움의 원인을 생각했다. '잎새에 이는 바람에도 괴로워했다'는 윤동주 시인을 마음속 스승으로 생각하면서도 실제 내 삶 속에서는 깊이 있는 성찰이 이루어지지 못했기 때문일 것이다. 머리로 존경하는 건 쉽지만 생활 속에서 본받는 것은 그만큼 어려운 일이라는 걸 다시 깨달았다.

시민운동을 하면서 생기는 실존적 갈등 중 하나는 누군가를 날카롭게 비판할 수밖에 없다는 점이다. 누군가에 대해, 무엇인가에 대해 비판적 의견을 내고 상대의 허물을 이야기하는 것은 참으로 힘든 고역이다. 엄청난 에너지가 소모되고 용기도 필요하다. 이렇게 힘든 과정을 통해 문제를 지적하며 우리 사회 다양한 측면의 어두운 부분을 개선, 개혁하자고 의견을 모아도 사실 참여자들이 생각하는 종착점은 제각각인 경우가 많다. 현실적 갈등과 대립이 타협과 조정의 과정을 통해 문제가 해결되고 더 나은 미래로 나아가는 원동력이 되기를 바라지만, 가끔은 상처와 불신만 남는 일들이 발생하곤 했다. 그때마다 우리가 왜 권력을 감시하며 문제를 발견하고 비판하는지, 무엇을 위해 운동을 하는지에 대한 근본적인 의문이 일었다.

'과연 지금 나의 행동이 우리 사회를 더 건강하고 미래지향적으로 변화시키는데 기여하는 것인가. 아니면 나 자신의 작은 성취와 만족을 위한 것인가.'

활동가로 살아오는 내내 지속적으로 질문해 왔다.

김호기 교수는 '기억은 지나간 삶의 증거이자 다가올 삶의 용기'

라는 말로 지나온 길을 돌아보고 성찰하는 자세를 통해 미래로 나아가는 원동력을 얻을 수 있다고 했다. 지나온 날을 기억하는 것이 미래로 가는 원동력이란 말에 공감한다. 실존적 기억은 개인의 삶을 끌어가는 원동력이다. 사랑과 미움의 기억, 성공과 좌절의 기억, 고독과 연대의 기억은 현재 삶을 성찰하게 하고, 미래의 삶에 용기를 준다. 학생운동, 시민운동, 청와대 행정관으로 걸어온 길이 없었다면 지금의 나도 없을 것이고, 정치를 통해 세상을 바꾸는 새로운 길을 열어갈 힘도 생기지 않았을 것이다. 암울한 시절 민주화를 꿈꾸는 한 사람의 움직임이 둘이 되고, 둘이 모여 열이 되고, 그래서 대나무 숲을 이루는 과정을 경험했다. 모여서 토론하고 비판하고 자기를 성찰하는 과정에서 두려움과 직면해서 극복해야 할 일들이 만들어졌다.

두려움을 이기는 힘은 용기가 아닌 간절함이라는 생각을 하는 건 경험을 통해서 내게 새겨졌다. 과거의 기억을 아름다운 추억으로 돌리기에는 아직 해결해야 할 현실의 문제가 크다. 사회·경제적 불평등, 기후 위기, 지역 격차, 인간소외, 디지털 전환 등 시민들의 힘과 지혜를 모으고 협력을 통해 극복해야 할 복합적 난제들이 우리 앞에 놓여 있다.

두려움을 이기는 힘은 '간절함'

50대 중반을 지나며 조금은 안주하고 싶은 생각이 들 때면 윤동주의 시 「쉽게 씌어진 시」의 "등불을 밝혀 어둠을 조금 내몰고, 時代처럼 올 아침을 기다리는 最後의 나"를 떠올린다. 끊임없는 자기 성찰의 과정을 넘어 반드시 올 새 시대에 대한 희망을 이야기하고 있는 윤동주처럼, 내게도 미래의 희망을 위해 현실의 장벽을 뛰어넘으려는 더 강한 의지가 필요한 게 아닐까? 현실의 높은 벽 앞에 좌절하고 안주하려는 마음과 정치혁신을 통해 지역사회 변화의 밑거름이 되고 싶다는 의지 사이에서 갈등하던 내가 "등불을 밝혀 어둠을 조금 내몰고, 時代처럼 올 아침을 기다리는 最後의 나"를 떠올리면 다시 긴 성찰과 고민의 터널을 지나 겸허한 마음으로 결의를 다지며 정치 초년생으로 출발선에 서게 된다.

  새 시대의 아침은 저절로 오는 것이 아니라 앞장서서 길을 내는 사람이 있어야 온다. 주어진 길을 안전하게 운전하는 역할을 하는 것이 관료의 길이라면, 울퉁불퉁 수많은 장애가 있는 곳에 새로운 길을 내는 역할을 하는 것이 시민운동가와 정치인의 삶이다. 조직, 사람, 재원, 정책이 잘 갖추어진 곳에서 일을 시작하기보다 나는 항상 새롭게 도전하고 새로움을 만들어 내는 곳에서 일해 왔다. 실패와 좌절도 물론 있었지만, 진정성을 가지고 열정을 다해 도전하다 보면 사람이 모이고 돈이 만들어지고, 그래서 불가능할 것 같았던 일들이 해결되는 것을 경험해왔다. 그 성과들은 많은 분들의 보이지 않는 희생과 헌신이 있었기에 가능했다. 함께 일했던 충북 참여연대와 충북시민재단 초창기 활동가와 묵묵히 자리를 지키고 위기를 극복하는 힘을 준 임원들이 그렇고, 가족의 삶과 생계를 든든히 지켜온 아내가 그렇고, 풍족하지 못한 살림살이에도 불평 없이 잘 커준 딸 소연과 아들 준호가 그러하다.

사람과 사람이 모이고 힘을 합하면 해결하지 못할 문제가 없다는 것이 지금까지 살아오면서 체득한 일과 삶의 지혜이다. 사람이 모여 숲을 이루고, 미래에 이루고자 하는 꿈을 함께 만들고 한번 정해진 일은 과감하게 도전하여 현실의 난관을 극복해가다 보면 새로운 모델이 되고 없던 길이 만들어지는 것을 경험해 왔다. 현실적으로 어렵고 불가능할 것 같아도 미래의 가치에 부합하고 꼭 해야 할 일이라면 미리 포기하지 않고 우공이산(愚公移山)의 정신으로 한 발 한 발 도전해 나가야 할 것이다. 대부분의 어려움은 일을 시작하고 함께 힘과 지혜를 모으는 과정에서 해소되거나 뜻밖에 더 나은 대안이 만들어지기도 한다.

청주를 생각하면 마음을 기댈 언덕 같은 편안함이 느껴진다. 35년을 나름 치열하게 사랑하며 살아오는 과정에서 생겨난 당연한 귀결이 아닐까? 내가 기대어 더불어 살아왔고 시민이 주인 되는 더 나은 변화를 위해 푸르렀던 20대 청춘을 시작으로 50대 중반의 중년이 되도록 치열하게 살아온 곳, 그리고 앞으로 한 줌의 흙이 될 때까지 살아갈 곳, 내 자식과 그 자식들이 살아갈 터전이 될 땅이기에 더 애착이 가는 곳, 그래서 청주시민으로 사는 것이 자긍심이 되고 자랑이 되고 매력 넘치는 지속가능한 도시로 만들고 싶은 마음자리가 점점 커진다.

시민의 참여가 일상이 되는 협치의 도시, 정치·경제·사회·환경적으로 정의롭고 공정한 도시, 다름을 인정하는 관용과 배려가 있는 도시, 실패와 재도전을 응원하는 도시, 생태적 건강성을 회복하는 도시, 보고 먹고 즐길 거리가 있는 매력 있고 유쾌한 도시를 만들고 싶다.

윤동주의 「서시」를 떠올리며 다시 마음을 다잡는다. 민족적 양심과 저항, 일상적 고뇌와 성찰, 자연의 아름다움과 고향에 대한 그리움은 윤동주 시인이 다룬 주제들이다. 빼앗긴 시대를 부끄러워하고 아파해서일까? 그의 삶은 고결했으며 그의 시에는 그리움과 비장함이 담겨 있다. 순결한 젊음, 자유, 성찰의 시인이자, 폭압적 현실에 맞선 고독과 저항 그리고 포용의 시인으로 20대를 살아간 윤동주. "모든 죽어가는 것을 사랑해야지 / 그리고 나에게 주어진 길을 걸어가야겠다"는 「서시」를 읽을 때면 상대를 포용하되 나의 원칙과 방향을 잃지 않겠다는 결연한 마음이 내게도 자리한다.

여러 가지 난관이 있겠지만 결국 "내를 건너서 숲으로, 고개를 넘어서 마을로" 향하는 윤동주 시인처럼, 계속해서 걸어가야 하는 것이 나에게 주어진 삶이란 생각이 든다. 한 걸음씩 내딛다 보면 길이 되고 숲이 되고, 마침내 마을에 이르게 되지 않을까?

"어제도 가고 내일도 갈 나의 길 새로운 길……, 나의 길은 언제나 새로운 길 오늘도…… 내일도……."

우암산을 닮은 사람

우암산은 청주 사람들의 심성을 닮은 산이다. 스스로 뽐내지 않고, 산에 드는 사람들을 아늑하게 품어주며 시민들과 교류하는 산. 우암산의 속 깊은 모습이 잘 드러난 도종환 시인의 시 「우암산을 바라보며」를 나는 참 좋아한다.

> 제 모습보다 더 나아 보이려고
> 욕심부리지 않습니다.
> 제 모습보다 더 완전해 보이려고
> 헛되이 꿈꾸지 않습니다.
> 있는 모습 그대로 꾸미지 않고 살아갑니다.
> ― 도종환 「우암산을 바라보며」 중에서

무심천 가에서 바라보면 우암산은 마치 청주시를 푸근하게 안고 있는 듯 보인다. 천년 청주 사람들의 역사와 수많은 추억과 애환을 같이한 산! 청주 하면 떠오르는 여러 가지 상징 중 우암산이 먼저 나오는 것을 보면 청주 사람들은 우암산을 바라보며, 우암산 같은 마음으로, 우암산의 품에서, 우암산과 더불어 살아가는 듯싶다.

내 삶의 여정이 새롭게 시작된 청주에서의 첫 장면은 단연 우암산과의 만남이다. 나는 우암산 자락에서 처음 청주를 만났고, 청주 사람들을 사귀었으며, 청주 사람이 되었다. 높은 산이 있는 지역에서 나고 자란 내게 우암산은 처음에는 순하고 야트막하여, 어느 마을에서나 볼 수 있는 정다운 앞동산 같은 느낌을 주었다. 우암산 자락을 오래 오르내리다 보니 산이 다시 보였다. 우암산은 단순히 순한 것이 아니라 세월의 변화에도 묵묵하게 자신을 지키고 있는 우직한 친구이며, 때론 크나큰 품으로 청주 사람들을 안아주는 웅장한 산이었다. 오래 지켜보고 겪어보며 스미듯 깨달은 것은 우암산과 청주 사람들이 닮았다는 것이다.

우암산과 나의 인연은 깊다. 우암산 자락에 있는 청주대학교에서 젊음을 녹이며 시대를 배웠고, 평생 배필을 우암산에서 만났다. 후에 시민운동에 참여하며 가장 많이 오르내린 산도, 소중한 인연들을 맺고 만난 곳도 바로 우암산이었다. 청주시민회, 충북참여자치시민연대에서 활동하며 매년 신년맞이 기원제를 드린 곳도 우암산 정상이었고, 최근까지 오래도록 용화사 앞에 살며 무심천 둑길을 걸어 운천동 사무실까지 다니며 매일 보던 산도 우직한 우암산이었다. 스스로 뽐내거나 자랑하듯 드러내지 않고 의연하게 자리를 지키고 있는 묵묵한 우암산의 마음을 나도 많이 배우고 싶었는지, 나를 보고 우암산을 닮은 사람이라고 하는 사람도 있다.

시대의 아픔을 일깨워준 우암산

1986년, 우암동에 자리한 청주대학교 정치외교학과에 입학하며 우암산과의 인연이 시작되었다. 강원도 땅을 떠나보지 못하고 우물 안 개구리처럼 살아온 내가 생각보다 대한민국이 넓다는 것을 깨닫는 순간이었다. 기차를 타고 처음 청주로 오면서, 큰 기대는 아니었지만 교육의 도시 청주에서 새로운 인생을 시작한다는 생각에 조금 설레기도 했다.

청주대 근처 내덕동에서 하숙을 하며 시작된 청주살이는 낯설기는 했지만 깨끗한 도시 이미지와 청주대 법대와 예술대의 고풍스러운 캠퍼스 건물을 보며 무언가 새로운 도전이 기다리고 있을 것이란 기대감으로 충만했던 것 같다. 넓은 벌에 자리한 충북대학교와는 달리 청주대학교는 경사길을 따라 산 밑에 강의동이 있어 강의 시간마다 도서관에서 강의동으로 오르내리는 일이 반복되었다. 처음에는 대학의 낭만을 찾는다고 우암동 '삼미집'에서 막걸리잔을 기울이기도 하고, 햇볕 좋은 날이면 우암산 순회 도로를 따라가다 만나는 말탕고개 딸기밭(가을에는 포도밭)에서 학과 동무들과 시간 가는 줄 모르고 이야기하는 날도 자주 있었다.

그러나 1980년대는 대학생들이 강의실에서 학업에만 열중하도록 내버려 두지 않았다. 광주를 피로 물들이고 군사정권을 수립한 전두환 독재에 항거하는 운동이 전국의 대학마다 요동치던 시대였다. 지금은 이름이 정확히 기억나지 않는 정외과 선배가 권해주었던 책 한 권이 평범한 공무원으로 살고자 했던 내 인생의 진로를 크게 바꿔 놓았다. 황석영 작가의 광주 5월 민중항쟁의 기록 『죽음을 넘어 시대의 어둠을 넘어』를 읽으며 정권과 언론에 속아서 살아왔다는 사실에 분노했다. 진실에 눈감은 학교 교육에 절망하기도 했다. 더구나 나는 정치외교학과 학생이었다. 학과가 학과인지라 자연스럽게 선배들을 따라 학생운동에서 뛰어들었다.

처음에 나에게 학생운동은 희망의 공동체였다. 세상을 바꾸는 방법에 대해 학습하고, 하얀 새벽이 올 때까지 비분강개하며 선후배들과 소주잔을 기울이고, 집에서는 농사일이 싫어 도회지로 도망치듯 나왔으면서도 방학마다 농촌봉사활동을 조직해서 나갔으며, 중무장한 전투경찰과 백골단의 곤봉과 최루탄 앞에서는 동료에 대한 믿음으로 스크럼을 짜며 불안과 두려움을 이겨내려 안간힘을 쓰기도 했다. 그런 과정이 내겐 조국을 사랑하고 진정한 동지애가 무엇인지를 현장에서 몸으로 배우는 경험이 되었다. 돌아보면 그 시절만큼 내 영혼이 순수하고 맑았던 시절이 없었던 것 같다. 젊은 열정으로 가득 차 있을 때, 조국과 민주주의와 통일을 위해 어떤 일도 할 수 있다고 믿었고, 다른 무엇도 바라는 바가 없었다. 그리고 학원비리 척결과

학내 민주화를 위해 나대로 치열하게 살았다. 지금 생각하면 우암산 품에서의 대학 생활 4년은 참 치열했던 순수의 시대였다

삶을 바꾼 수배와 감옥생활

대학 생활의 재미있는 추억을 떠올린다면 친구들과 포장마차를 했던 기억이 단연 첫손에 꼽힌다. 출발은 친구가 등록금을 벌어야 한다는 말에 조금 거들어 주겠다고 시작한 일이 어느 순간 동업자가 되었다. 매일 오후 3~4시에 당일 판매할 음식 재료 구매를 위해 북부 시장에 장을 보러 가고 밤새워 포차를 운영하다 새벽별 보며 하숙집으로 들어가는 생활이 반복되었는데, 그 과정이 세상을 좀 더 알게 되는 기회가 되었다. 그러나 학과 공부에 소홀해지는 것은 어쩔 수 없었다. 그러면서 지금 나의 자리와 정체성이 무엇인지 많이 고민하며 혼란이 찾아왔을 때 포차를 접었는데, 지금도 그때의 모습이 선명하게 떠오른다.

당시의 대학은 뜨거운 이론 투쟁의 용광로였다. 1986년 봄 정치외교학과에서 출발하여 적십자 동아리 활동, 총학생회 기획부장, 참교육연구회 등 동아리 활동이 계속되었고, 군사독재와 전두환·노태우 퇴진 투쟁, 청주대학교 학원 비리와 학내 민주화를 위한 투쟁, 등록금 인상 저지 투쟁까지 4년의 대학 생활 내내 시대를 함께 앓고 울며 참으로 치열하게 보냈다.

그러다가 졸업을 앞둔 4학년 때인 1989년, 뜻밖의 시련이 찾아왔다. 1년 전에 대학교 교지에 수록한 내 글로 인해 당국에 체포된 것이다. 1년 전 교지 편집위원이던 후배가 원고청탁을 하여 써준 '한국사회 구성체 논쟁에 관한 글'이 이적표현물로 찍혀 수배를 받게 된 것이다. 사실 몇 푼의 원고료에 눈이 멀어 NL운동의 논리적 근거가 되고 있던 신식민지 반자본론이라는 거창한 글을 썼는데, 정확히 무슨 논리적 기반에서 시작된 이론인지에 대한 충분한 이해도 없이 각 대학의 교지와 사회과학 서적을 뒤적이며 정리하여 투고하였다. 그런데 이 글이 1년이 지나 교지편집장이 구속되고 나를 비롯하여 교지에 글을 투고하였던 사람들이 지명 수배되었다.

대학 생활의 마지막 시간인 4학년을 차분하게 정리하려던 나에게 생각지도 못한 고난의 수배 생활이 시작되었다. 1989년 여름에 시작된 수배 생활은 이듬해 5월 고향 집에서 체포될 때까지 10개월이나 계속되었다. 처음 구속된 초범이라 그런지 집행유예를 받고 풀려났다. 당시 법정에서 나름 당당하게 불의와 불평등, 굴종과 오욕의 역사를 이어온 대한민국의 참된 민주주의와 자주 통일을 위한 순수한 열정으로 투쟁하며 살아왔으며, 앞으로도 그렇게 살겠다는 최후진술을 하였는데, 결과적으로 감옥생활은 내 삶의 길을 완전히 달라지게 만들었다.

그 과정에서 무엇보다 가슴 아팠던 것은 자식에 대한 어머니의 기대를 저버린 것이다. 옥수수와 감자, 고랭지 배추, 살림 밑천인 누렁이까지 팔아 멀리 청주에 있는 대학에 유학 보내고 무언가 안정적인 직장에 그럴듯한 인물이 될 것이란 어머님의 기대와는 다른 길로 가게 된 것이다. 어머니는 심장병(심장판막증)이 심해서 조금만 걸으면 숨이 차올라 한참을 쉬어야 또 한 걸음 건네는 그 아픈 몸을 이끌고 경사도 심한 비탈밭에서 종일 일만 하셨다. 의도하지 않았지만, 아들이 되어 어머니의 속을 썩여 드린 것 같아 지금도 어머니만 생각하면 가슴이 메어 온다.

비록 길지 않은 수감생활이었지만, 그로 인해 나의 미래는 취업도 하기 어렵고 정상적인 사회생활도 어렵게 되었다. 사회 불평등과 부조리, 부패와 반인륜적 인권탄압을 보며 군사독재 정권에 대한 분노와 세상을 뒤집어 엎어버리고 싶은 뜨거움으로 시작한 일이었지만, 다른 한편에선 안락한 삶과 미래를 포기하는 것이기도 했다. 어쩌면 이때의 감옥생활이 결과적으로 나를 시민운동가의 길을 선택하게 만든 것 같다.

평생을 함께할 동지를 만나다

지금의 아내와는 같은 학과 선후배로 인연이 시작되어, 수배와 감옥 시절부터 든든한 동지이자 사랑하는 사람으로 인생길을 함께 걸어가고 있다. 아내를 생각하면, 사람에게는 딱 맞는 인연이라는 게 있다는 생각이 든다. 내가 4학년 때 1학년으로 입학한 후배인데, 거침이 없는 활달한 성격이 무엇보다 마음이 들었다. 그러나 당시 연애도 사치라는 분위기가 있고, 누구 앞에 당당하게 마음을 표현하는 데 서툴렀던 내 성격 탓도 있어 처음엔 그냥 괜찮은 후배 정도로 생각하고 있었다.

4학년 2학기가 되면서 마지막 한 학기라도 학과 생활과 수업에 충실할 생각에 학과사무실을 자주 들르는 과정에서 여러 번 마주치게 되었고 자연스럽게 가까워졌다.

당시 청주대학교 교지 《청대춘추》에 기고한 글이 문제가 되어 수배 중이었던 나에게, 어느 날 동 학년 친구와 함께 "선배님 우리가 얼굴화장 해줄까요?"라고 제안했던 지금의 아내. 호기심이 발동한 내가 "그러면 좋지" 하고 학과사무실로 따라갔는데 서툰 솜씨로 기초화장을 해주는 모습을 보며 참 마음이 곱고 예쁘단 생각이 들었다. 아마도 내가 수배 중이라 제대로 씻지도 못하고 자유롭게 활동도 못하는 모습에 측은한 생각이 들었던 모양이다. 이를 계기로 가끔 술자리도 함께하고, 시국에 관한 이야기, 서로의 관심사에 대해 이야기하면서 조금씩 서로의 마음을 확인하고 연인 사이로 발전하였다. 그리 뜨겁지는 않았지만 시간이 갈수록 서로를 더 신뢰하고 힘이 되는 든든한 동반자가 되어 갔다.

앞서 이야기했듯이 나는 이듬해 봄, 국가보안법과 집시법 등 위반 혐의로 첫 번째 구속이 되었다. 그때부터 풋풋한 연애 감정으로 만나던 정치외교학과 3년 후배는 감옥에 갇혀 있는 나의 합법적인 약혼녀가 되어 흔히 말하는 옥바라지를 시작하였다. 1심에서 집행유예로 출소한 이후 몇 개월의 다정한 연인 관계도 잠시, 갑작스러운 입대와 구속으로 어찌해볼 수 없는 암울한 시간은 몇 년이나 계속되었다. 1993년 감옥에서 나올 때까지 아내는 구속된 사람들의 후원자로, 군사정권에 대항하는 민주화운동의 가족으로 전국을 오가며 활발한 활동을 전개하였다. 꼼짝없이(?) 김인순이라는 여자의 사람이 된 나는 충북시민회 활동을 시작한 이듬해 1994년 10월 9일 결혼식을 올렸다. 무척이나 뜨거웠던 가을날 우리가 함께 민주화를 외치며 싸웠던 모교 법대 앞 광장에서 선후배들의 따뜻한 축하를 받으며 부부의 길을 걷게 되었다.

또 한 번의 구속, 그리고 시민운동의 길

대학을 졸업하고 군에 입대하였다. 그러나 군 생활은 순탄치 못했고 말로는 설명할 수 없는 엄청난 고난의 길이 기다리고 있었다. 춘천 102보충대를 거쳐 강원도 최북단 고성에서 신병 교육을 정말 열심히 받고 있는데, 이상하게 5주가 지나도록 대학 선후배는 물론이고 애인으로부터도 단 한 통의 편지가 오지 않았다. 마지막 신병교육대 퇴소식을 준비하는 5주 차 훈련이 한창이던 때, 연대장의 호출을 받고 들어갔는데, 국군기무사에서 나왔다는 사람들이 나에게 쇠고랑을 채우고 연행했다. 끌려간 곳은 성남에 있는 기무사령부 취조실이었다.

기무사에서 진행된 20일간의 혹독한 구타와 잠 안 재우는 고문, 외부와의 완벽한 단절은 나를 너무도 무기력하고 비겁한 인간으로 만들었다. 학생운동을 통해 군사독재를 청산하고 자주적이고 민주적인 나라를 만들고자 하는 순수한 뜻은 모두 사라지고, 나는 북한을 이롭게 할 목적으로 조직된 '자주대오'라는 이적단체의 수괴로 가공되고 있었다. 같은 뜻으로 나를 믿고 함께했던 친구와 후배들을 지켜주지 못한 죄스러움, 나 자신이 폭력과 협박 앞에 이렇게 나약한 존재였던가 하는 좌절감에 더 이상의 삶은 아무런 의미가 없다는 생각까지 들게 했다.

국군기무사에 구속되어 취조받는 과정 그리고 다시 22사단 영창에서 군법무관에 의해 기소되기까지 거의 2개월 동안 가족과의 면회가 금지되었다. 사단 영창은 또 다른 의미에서 나의 내면에 더 큰 상처를 주는 공간이었다. 매일 매일 써야 하는 반성문을 거부하고 헌병들의 부당한 대우에 항의한 것을 빌미로 이들은 아무런 이유 없이 내가 아닌 옆의 다른 수감자를 괴롭히기도 했다. 자신을 부정하고 폭력과 협박에 굴복하여 스스로 당당했던 말과 행동을 부정해야 했으며, 기무사 취조 과정에 이어 다시 한 번 깊은 마음의 내상을 입어야 했다.

재판 당일 어머님과 약혼녀가 재판 방청을 위해 왔다. 어머님은 슬

며시 다가오셔서 귓속말로 분명하게 말씀하셨다.

"넌 잘못이 없다. 네가 나의 아들이라 자랑스럽다."

이 두 마디 말씀에 난 무슨 면죄부라도 받은 듯 마음이 홀가분해졌다. 군 판사에게 2년 형을 선고받고 군 기무사령부와 22사단 영창생활이 마감되고 장호원 육군교도소 생활이 시작되었다. 여기서는 사단 영창과 달리 우선 독방에서 생활할 수 있다는 점, 매일 1시간 밖에서 운동을 할 수 있다는 것, 군에서 영문도 모른 채 함께 고초를 겪고 구속된 동료 선후배를 만날 수 있다는 점, 정기적으로 사랑하는 애인과 가족을 볼 수 있다는 점에서 훼손된 자존감을 조금이나마 회복할 수 있었다.

형이 확정되어 강제 전역을 당하고 대전교도소 그리고 목포교도소로 이어진 감옥생활은 오히려 나를 단련시키는 과정이 되었다. 여기서 나는 세상에 대한 낙관적인 전망과 책임성을 갖고 행동하는 것이 얼마나 중요한가를 생각하고, 이런 관점과 태도를 일관되게 유지할 수 있는 내적 힘을 기를 수 있었다. 지금 생각하면 감옥은 나의 인생에서 비록 힘들었지만, 결과적으로 수행과 학습의 공간으로 기억되고 있다. 사회와 단절돼 1.8평이라는 좁은 공간에 갇혀 지내야 하는 답답함도 있었지만, 깊이 있는 사색, 그동안 보지 못했던 『토지』, 『태백산맥』, 『장길산』, 『열국지』 등 대하 장편소설들을 마음껏 읽을 수 있는 여유로움이 주어진 소중한 시간이었다. 아울러 지나온 학생운동 과정에서의 내 주장이 얼마나 적합한 것인지에 관한 질문과 회의 등 아픔과 고통과 절망의 나락을 벗어나 내면의 상처를 치유하고 좀 더 폭넓게 세상을 바라볼 수 있는 시야를 얻게 되었다. 내가 꿈꾸는 인간다운 세상, 억압과 차별이 없는 자유·평등·평화·인권·통일이 이루어지는 세상은 단 한 번의 혁명적 변화를 통해 달성될 수는 없다는 생각을 새기게 되었다. 폭력은 또 다른 폭력을 낳고, 혁명은 더 큰 반혁명을 부른다는 점에서 새로운 사회운동은 시민의식의 성장을 기반으로 한 정치·행정·경제 전 분야에 걸친 점진적 제도개혁 운동을 통해 평화적이고 민주적인 방식으로 진행되어야 시민의 희생을 최소화하면서 시민의 삶이 개선되는 복지국가를 만들 수 있을 것 같다는 생각을 막연하게 하였던 것 같다.

우암산을 닮아가며 우암산처럼

1993년 2월 김영삼 대통령 취임 특사로 형기 1년여를 남기고 목포교도소에서 출소하였다. 나와 보니 이전과는 다른 삶과 세상이 기다리고 있었다. 내 삶은 학생 신분에서 시민으로, 조금은 이념적이고 체제 저항적인 학생운동에서 시민의 삶과 질을 개선하는 시민운동으로, 급격한 혁명적 변화를 꿈꾸던 방식에서 느리더라도 사람들의 인식과 생활방식을 바꾸어 나가는 방식으로 변화되었다. 나에게 2년여의 감옥 생활은 새로운 삶으로 나아가게 하고, 나의 사상과 실천 의지를 성숙시킨 터널이었다. 한편 크게 드러나지 않지만 든든하고 믿음직한 우암산의 심성에 가까워진 사람으로 변화시켰다.

[옥중 서신 1]*

형, 안녕하세요

육군교도소 시절 의지할 곳 없는 고독함을 달래주던 형의 편지들이 이곳에 온 이후로 한 번도 오지 않아 서운함마저 느껴졌었는데, 아~ 형마저도 나를 잊어버렸나보다, 하구 말이요. 그런 나의 어리석고 속 좁음을 비웃기라고 하려는 듯 며칠 전 형으로부터 날아온 한 통의 편지는 그간의 모든 것을 삭이고도 남을 만큼 저에게 커다란 기쁨과 위안이 되었습니다. 그런데 한 가지 불안한 점은 이곳에 온 이후로 몇 번인가 편지를 보내었는데, 그 주소가 조금 변했더군요. 전에 보낸 편지 못 받아 보신 것은 아닌지 그것이 사실이라면 꽤 속이 상할 것 같아요.

형! 오늘도 내 작은 창문 너머의 하늘은 찌푸려 있고, 날씨도 후덥지근한 것이 소나기라도 한차례 오려나 봅니다. 형과 함께 한 병에 천 원 한다는 막걸리 실컷 먹어봤으면 좋겠는데, 이곳에선 올해도 예외 없이 휴가를 줄 생각이 없는 모양입니다. 그저 참고, 참고 또 참을 것만을 요구하는 것 같아요. 그러다보면 자본주의 사회에 적합한 인간이 될 테지 하는 생각들을 하는 모양입니다. 비 온 후의 대지는 더 단단해지고 공기는 맑고 쾌청해진다는 자연적 진리를 잘 모르는가 봐요. 내가 어떤 모습으로 변해서 나타날지 궁금하다고 하셨죠. 그런데 별다른 기대는 하지 않는 것이 좋을 것 같군요. 형과 함께 있을 때의 제 모습

---

*청와대 근무를 마치고 내려온 날, 섬동 김병기 시인이 페이스북에 글을 올리며 과거 나와의 인연을 공개했다. 내가 학생운동을 하다 수감되었을 때 형에게 보낸 편지를 말이다. 과거의 내 모습을 돌아보게 해주고 인연을 간직해준 형에게 다시 한번 고마운 마음을 전한다.

그대로 나갈 것 같으니까요. 사랑은 완벽한 것보다 조금은 허점이 있는 것이 좋다고 하더군요. 완벽을 지향해야 하지만 말입니다. 다만 거기에서 좀 더 인간적인, 듬직한 내용을 가미한다면 하는 생각을 해보지만요.

형은 지금 무엇을 하며 지내는지 궁금하지만, 그저 상상하는 것으로 만족하며 지내야겠지요. 아직도 실업자 신세로 있다고 하면 별로 기분 좋을 것 같지 않으니까요. 내가 좋은 대로 형의 모습 그려보는 것이 더 좋습니다. 가끔씩 캠퍼스에 나타난다고 하셨는데, 그 모습이 왠지 쓸쓸한 가을날 낙엽 뒹구는 형상으로 다가오더군요. 그래서 사랑은 자기가 있을 자리에 있는 것이 가장 좋다고 하는 모양이지요!

제가(형의 표현을 빌리자면) 국립여관에 온 지도 일 년이 넘었습니다. 그런데 그동안 무엇을 하였느냐고 묻는다면 할 말이 없어요. 그날그날은 바쁘게 지내는 것 같은데 지나고 나서 되돌아보면 아무것도 남는 게 없군요. 허무하다는 생각이 뇌리를 스치기도 하고 내가 이곳을 떠나는 날도 이런 말을 하게 될까 두렵습니다. 가끔씩 내 생각해주는 사람들을 위해서도 그렇고 나 자신을 위해서도 그래선 안 될 텐데 말이에요. 소나기가 한바탕 신나게 왔으면 좋겠어요. 그러면 속이 후련해질 것 같은데. 형, 잘 있어요. 다음에 또 연락할게요.

1992. 6. 4. 대전 옥에서 드림.

[옥중 서신 2]

형에게

눈 덮인 조국의 산하는 실로 아름답습니다. 내 작은 가슴으로 받아 안기엔 너무 벅찬 감으로 다가옵니다. 지난 겨울, 어느 날 눈 쌓인 청암로를 동지들과 더불어 거닐던 기억이 새롭고 써늘한 포장마차 한 귀퉁이에서 오들오들 떨며 쓴 소주도 달게 마시던 날들이 그립습니다.

그래 오늘은 언제나 마음 넉넉함을 잃지 않는 형과 더불어 한잔해야겠습니다. 언젠가 우암골 학동들과 어울릴 당시 소주 한 병을 놓고 마음 뿌듯해 한 기억이 있었습니다. 우리의 자리는 술을 먹는 자리가 아닌 마음을 먹는 자리다 라며 한껏 낭만적 감동에 취했었으니까요. 그리 여러 번 되진 않은 것 같지만 형과의 술자리가 바로 이런 것이 아니었던가 하는 생각을 해봅니다.

그간 건강하겠지요. 형에겐 몸에서 배어 나오는 호걸다운 기풍이 있어 지금도 다량의 주량에 수많은 사람들의 마음을 먹으며 지내고 있으리라 생각 됩니다만, 일전에 뜻밖의 소식에 기쁜 마음으로 읽고 또 읽었었어요. 허나 난 이제야 형에게 그 답을 보내게 되었군요. 내 마음은 항상 형에게 기울어져 있으나 이곳 사정이 그러하지 못하니 아쉽기만 합니다. 역시 세상일은 마음만 가지고는 안 되는 모양입니다. 그러나 형의 짧지만 내 심중을 꿰뚫는 듯한 몇 마디의 말들은 지금도 이 아우의 생활에 귀중한 밑천이 되고 있으니 이것으로 지난번 형의 편지에 대한 작은 보답이 될 수 있으리란 안위를 하며 그간의 안부에 대신하고자 합니다.

제가 사회로부터 격리된 지도 꽤 오래 되다 보니, 이젠 거의 산 사람이 된 듯한 기분입니다. 세상 돌아가는 소식과도 거의 완벽하게 단절되어 지금 내가 살아가고 있는 시대가 어느 시대인지조차도 가물가물합니다. 이렇게 거의 완벽할 정도로 절제된 상황 속에서도 전 잘 살아갑니다. 세상과의 단절이 저의 진리에 대한 믿음을 갉아먹기는커녕 더 순수하고 선명하게 해주기도 하구요. 이것저것 매일 일어나는 온갖 가지 세상 소식에 신경 쓰지 않아도 되니 늙지도 않고 아주 좋습니다. 육체적으로도 날로 건강해지고 이렇게 살면 천년만년이라도 늙어 죽지 않을 듯하고, 불로초를 따로 구할 필요 또한 없지 않을까 하는 생각에 씁쓸한 미소를 지어 봅니다. 그러나 역시 허전하군요. 날개 꺾인 새에게 아무리 좋은 먹이를 주어도 그 새를 만족시켜 줄 수 없듯이 아무리 육체적으로도 편해도 나의 머리로 사고하고 나의 몸뚱이로 행동하고자 하는 나의 자주적 의지가 가로막히는 것을 그냥 무시할 수가 없나 봅니다. 자유를 위한 싸움의 소중함을 다시 한 번 온몸으로 느끼게 합니다.

그러나 이곳에서의 생활이 꼭 잃어버리는 시간은 아니란 생각도 듭니다, 그간 내 지식의 얄팍함을 몸소 느끼게 되었고, 내 의지의 나약함, 동지들에 대한 사랑의 추상성 등, 기존에 막연히 느껴지던 자신의 문제가 좀 더 구체화되어 다가옴으로써 새로운 출발을 기약하여 주고 있습니다. 요즘은 그래서 저의 독서 방식도 잡식성으로 바뀌었어요. 순수 애정소설에서 세계적인 명작 문학, 중국의 고전, 그리고 내가 격멸하기조차 했던 공맹의 여러 가지 논리들 속에서도 내가 건지고 배워야 할 점이 많음을 새삼 느끼며, 그간 저 의식의 편향성마저도 조금씩 극복되는 것이 아닌가 하는 성급한 기대까지 하게 되는군요. 조금은 기대해 주시길 꽤 여러모로 변한 사람이 되기 위해 노력하고 있으니까요. 가끔가다 형의 조언도 부탁해요. 여러 가지로 부족하고 허점투성이인 인간이지만, 그래도 조국 강산과 그 속에 살아가는 우리 민족에 대한 사랑과 애정만큼은 꼭 간직하고자 오늘도 노력하고 있으니까요.

너무 내 이야기만 너절하게 한 것 같죠. 그만큼 형이 편하다는 증거이고, 내게 차지하는 자리가 크다는 뜻으로 이해하여 주었으면 좋겠어요. 그리고 다가오는 새해에는 형이 원하는 모든 일들이 이루어지길 기대하며 이만 줄이겠어요.

1991년 12월 28일
재봉이가 너무나 존경하고 좋아하는 형에게

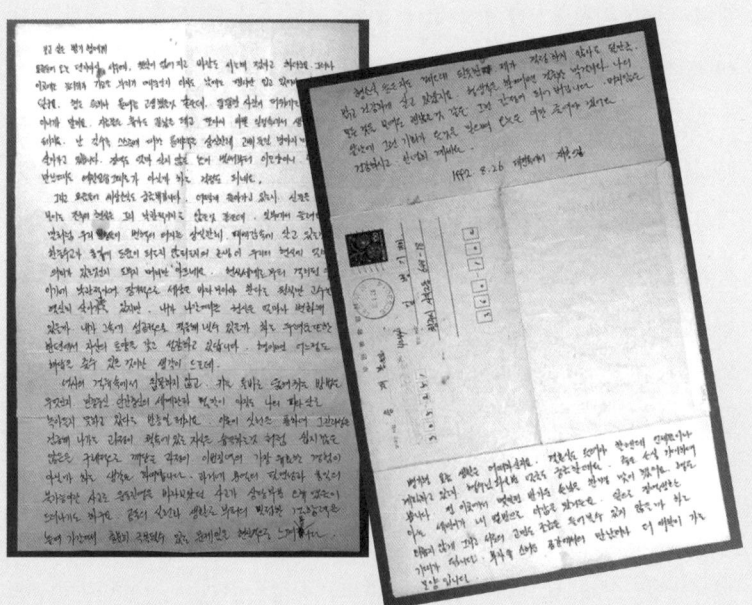

동범 선생과 시민운동의 길

　동범 최병준 선생님은 가장 청주 같은 심성으로, 어쩌면 청주 그 자체로 한 생을 사신 분이다. 특히 청주지역 시민운동 역사에 그분의 손길이 미치지 않은 곳이 없으니, 최병준 선생님 같은 든든한 큰 어른이 있어 청주 시민사회가 성장하고 오늘에 이르렀는지도 모르겠다.

　동범 선생님이 청주지역 시민운동의 시대를 연 충북시민회의 대표가 되어 본격적으로 시민운동을 시작한 것이 1990년 6월이다. 이때부터 선생님은 바른 선거를 위한 시민단체협의회 상임대표, 환경보전충북시민연합회장을 시작으로 2001년 충북참여자치시민연대 대표에서 사임하시기까지 10년을 지역 시민운동과 함께하였다.

　내가 2년여의 감옥살이를 마치고 나와 방황하던 시절, 선생님을 가까이에서 보고 모실 수 있는 행운이 찾아왔다. 충북시민회에 들어가 활동을 시작한 때가 1993년 8월, 이때부터 나는 최병준 선생님 곁

충북 시민운동의 씨앗을 뿌리고 가꾼 사람

동범 고 최병준 선생(사진)은 1932년 충북 진천에서 출생했으며 1956년 서울대 문리대 정치학과 졸업하고 1957년 26세의 나이로 현 충북예총의 전신인 충북예술문화인협회를 창립했다. 이듬해인 1958년에는 청주문화원장 취임, 1970년까지 문화원장을 하며 정부 지원이 없는 열악하고 어려운 시절 지역 문화예술 발전을 위한 시민문화운동에 뜻을 두고 정력적인 활동을 전개했다.

1971년에는 정의로운 지역인사들과 뜻을 같이하여 관권과 금권선거가 판을 치는 현실을 바로 잡고자 공명선거추진협의회에서 공명선거운동을 주도했지만 오히려 이로 인해 정권의 탄압을 받아 예총, 문화원 등 모든 사회 문화 관련 단체장에서 강제 퇴임을 당했다.

이후 1987년 민주화운동이 일어나면서 새롭게 시작된 시민운동에 적극 참여, 충북시민회(현 충북참여자치시민연대), 충북공명선거실천시민운동협의회, 청주경실련(현 충북경실련), 충북총선시민연대 상임대표를 역임하며 지역 시민운동에 씨를 뿌리고 건강하게 성장하는 토대를 만드는 데 역할을 다했다.

또 지역시민단체 간 갈등과 경쟁보다 연대와 협력, 화합과 양보의 정신을 발휘하도록 하는 포용의 리더십으로 충북지역 시민운동의 건강한 성장과 발전의 전기를 마련하는데 자양분이 되었다.

이처럼 정력적인 활동을 하던 동범 최병준 선생은 지난 2001년 10월 11일 오후 10시 숙환으로 별세했으며, 유족으로는 미망인 김영애 여사와 현주·기현·호균 등 1남 2녀 자녀를 두었다.(2011년, 10.10. 충북인뉴스 기사)

에 가장 가까이 있는 사람 중 하나로, 선생님의 성품부터 일거수일투족을 제대로 배울 수 있었다. 선생님 말씀을 들으며 시민운동을 배웠고, 선생님께 지역의 주요 현안을 바라보고 대응하는 능력을 배웠다. 선생님을 따라 청주 시민사회의 성장을 위해 뛰어다니며 바깥으로 보이는 것보다 인품과 덕을 갖춘 성숙한 인간이 되는 것이 얼마나 소중한 것인지 배울 수 있었다. 동범 최병준 선생님은 오늘의 나를 있게 한 멘토이자 리더이며 스승이다.

인생의 두 번째 전환, 시민운동가의 길로

1993년 2월 김영삼 대통령 취임 특사로 형기 1년여를 남기고 목포교도소에서 출소하였다. 대학을 졸업한 상태였던 나는 어디에서 무엇을 해야 할지 막막한 상태에서 사회적응을 시작해야 했다.

내일 먹을거리를 걱정해야 할 만큼 돈도 없어 급한 대로 LG 반도체(현 하이닉스반도체) 공장 신축 현장에 일용직 노동자로 들어갔다. 제대로 할 수 있는 일이 거의 없을 만큼 아무것도 몰랐던 나는 그래도 현장에 조금씩 적응해 가면서 열심히 일했지만 우리 팀이 담당한 공정이 끝나자 함께 하던 팀원들이 다른 곳으로 가버리는 바람에 3개월 만에 다시 일할 곳을 찾아다녀야 하는 신세가 되었다. 짧은 기간이었지만 하이닉스 공장 신축 비정규직 노동자 생활은 노동의 진정한 가치를 배우는 과정이었고, '내일 일어나서 어딘가 나를 필요로 하는 곳에 갈 수 있는 것만으로도 얼마나 큰 행복인가' 하는 생각을 갖게 되었다. 시민들에게 일자리는 단순히 돈을 버는 것 이상의 의미가 있음을 경험을 통해 알 수 있었던 시간이다.

새로운 삶의 진로를 모색하는 중에 유수남(현 충북교육청 감사관), 김형근 선배(전 충북도의회 의장)의 추천으로 정영수 변호사(당시 충북시민회 총무)

를 만나면서 1993년 8월부터 시민단체와의 새로운 인연이 시작되었다.

충북시민회를 첫 활동공간으로 선택한 이유는 첫째, 기존 민중운동과 구별되는 시민의 자발성에 기초해서 설립된 단체라는 점, 둘째, 공명선거 운동, 환경운동, 경부고속철도 충북권 유치운동 등 시민의 요구에 기초한 새로운 시대적 과제에 민감하게 대응하는 활동을 한다는 점, 마지막으로 모임에 참여한 분들이 지역사회 다양한 분야에서 활동하는 변호사, 의사, 교수 등 전문직과 재야운동 활동가들이 함께 모여 있는 독특한 인적 구조와 활동 방식이라는 점에 호기심이 작용했기 때문이다.

'우리 지역의 문제는 우리 손으로'라는 슬로건에서 알 수 있듯이 충북시민회는 평범한 일반 시민의 자발적 참여에 기초해서 새로운 시민운동을 지향하는 단체였다. 법의 테두리를 벗어나지 않는 평화적인 방법으로 주장을 하고 합리적 대안을 제시하는 온건한 운동을 하는 단체였다. 때로는 중앙정부를 비판하거나 지방 권력 집단을 감시하는 역할을 하면서도 순수성을 강조하고 중도주의를 지향하는 단체 성격상 한계를 느끼는 경우가 자주 있었다.

학생운동과 수형생활 과정에서 나는 반독재 투쟁, 정권 타도, 민중해방, 조국 통일, 민주 정부 수립 등 거대 담론에 익숙한 체제 저항적인 운동에 익숙해 있던 상태였다. 반독재 민주화운동을 하는 재야운동과 가까운 성향을 지니고 있던 나로서는 처음에는 젊은 혈기를 제약하는 단체의 정체성에 답답해하기도 했고, 세상의 변화를 만들 수 있을지에 대한 회의감도 들었다.

그러나 단체에 참가하는 회원들의 인격과 인품, 지역사회 발전에 대한 순수한 열정, 참여자들의 다양성 등 여러 긍정적인 점들을 보면서 점차 수긍하게 되고 배우려는 마음이 생겼다. 나의 첫 직장인 이곳에서 내 일생의 미래를 새롭게 설계하고 지역사회의 건강한 발전을 위해 무언가 기여할 수 있을 것이란 막연한 기대를 갖게 되었다.

충북시민회에서 나는 현실과 동떨어진 거대 담론에 빠지기보다 구체적인 지역사회 변화를 통한 세상의 변화를 만들고 사회적 약자와 서민의 삶을 개선하는 데 이바지하는 시민운동가의 삶을 살아보기로 마음을 먹었다. 그 이유는 2년 동안의 수형생활에서 고민했던 '혁명적 방법'이 아닌 국민 다수가 동의하는 합리적인 운동을 통한 점진적인 사회변화를 추구해야 한다는 생각과 가장 부합하는 단체라 생각되었기 때문이다. 인생의 첫 번째 전환이 청주 우암산 품 안에 살게 된 것이라면, 두 번째 전환점은 민족민주운동에서 시민운동가의 삶을 선택한 것이다.

청주 시민운동의 거대한 확장 한가운데에서

1990년대는 다양한 영역에서 시민운동이 발생하고 성장했던 시기였다. 1987년 군사독재가 물러나고 사회가 민주화되자 다양한 요구들이 봇물 터지듯 터져나온 것이다. 경제정의, 주민자치, 환경, 여성, 생태, 예술 등의 분야에서 시민운동단체들이 속속 생기고 성장해 나갔다. 그중에 충북시민회는 지역사회 각종 문제에 대해 폭넓게 참여할 수 있는 성격의 종합형 시민단체였기에 지방자치 전반에 대해 다양한 경험을 할 수 있는 기회가 되었다.

내가 일을 시작하고 2년 후인 1995년, 박정희 군사정권에 의해 중단됐던 지방자치가 김대중 당시 평민당 총재의 목숨을 건 단식으로 부활했다. 1991년 광역의원 선거를 시작으로, 1995년 광역과 기초 지방자치단체장을 주민이 직접 선출하는 실질적인 의미의 지방자치가 부활한 것이다. 충북시민회는 관권 개입, 돈 선거 근절, 지방자치 부활에 걸맞은 지역일꾼을 뽑아야 한다는 사명을 가지고 공명선거실천충북협의회를 발족하고 부정선거 돈 선거 신고 전화, 유세장 등 현장 감시, 후보자 초청 정책토론회 등 다양한 활동으로 시민사회단체의 존재가치를 부각하는 활동을 전개하였다.

본격적인 지방자치 시대의 개막은 시민의 높은 관심과 함께 시민단체의 필요성과 영향력이 확대되는 계기가 되었다. 지방자치 시대를 맞아 충북시민회라는 이름보다는 생활 자치의 관점을 강화해야 한다는 생각에서 나는 청주시민회로 단체명 개정을 제안하여 임원과 회원의 동의를 얻었다. 동시에 청주와 충주, 제천, 증평 등의 시민단체들이 수평적으로 협력하는 충북시민연합이라는 네트워크 조직을 만들어 충북도 차원의 문제에 대응하기로 하였다.

1995년부터 1999년까지 청주시민회는 활동의 폭과 내용이 급격하게 증가했다. 초기 철당간 보전, 환경교육, 공명선거, 경부고속철도 충북권 유치 등 지역개발과 문화 등 중도적 성향의 활동에 주력하였던 모습에서 탈피하여 지방자치 현장의 목소리를 보다 적극적으로 담아내기 시작하였다. 1993년에 혼자나 둘 정도가 사무실을 지키는 수준의 활동에서 사무처 상근자가 6명까지 증가하여 각자의 전문 분야별 역할 분담을 통해 지역사회 현안에 주도적으로 대응하였다. 지방자치단체와 의정 모니터 활동을 기본으로, 직지찾기 운동 등 문화, 작은 권리 찾기 등 사회 인권, 국민기초생활보장 자원봉사 등 사회복지, 아파트공동체 운동 등 다양한 시민의 목소리를 대변하고 조직하는 역할을 수행하면서 청주시민회는 점차 지방권력 감시와 시민참여를 중심으로 하는 종합형 시민운동 단체로서의 위상을 강화해 나갔다.

철당간 보존, 직지 찾기 – 청주 문화 지키기 운동

1990년대 지역의 시민운동은 이슈의 중심이었다. 청주경실련을 중심으로 1995년 '리우환경회의 지역의제 21' 사업이 본격적으로 추진되었고, 푸른 청주모임과 충북사회발전연구소는 무심천 콘크리트 하상 구조물을 저지하고 생태하천으로 복원하자는 운동을 대대적으로 벌였고, 미원면 생수개발 저지 운동, 문장대 용화온천 개발저지 운동 등 지역주민들의 자발적인 운동에 지역의 시민사회가 결합하여 대대적인 반대운동을 전개하여 성과를 만들어 냈다. 대개의 운동이 처음에는 작게 시작하였으나 지역의 시민사회단체가 결합하고, 지역의 관심이 높아져 다양한 지역사회연대 운동이 폭발적으로 확대되어 갔다.

당시 청주시민회는 지역 역사문화의 가치를 발견하고 보존하는 운동을 통해 문화도시 청주를 만들어가는 활동을 진행하였다.

가장 먼저 청주의 유일한 국보이자 청주가 교육의 도시임을 한눈에 알 수 있는 용두사지 철당간을 보존하는 운동을 시작하였다. 국보로서 제 기능을 하지 못하고 공해와 오염 속에 신음하고 있는 철당간을 시민들의 힘으로 보존하기 위해, 철당간 주변을 정비하고 시민들의 문화광장으로 거듭나도록 만들었다. 청주시민회에서는 철당간을 정비하기 위해 심포지엄 개최, 소식지 발행, 모금 운동, 시민 한마당 큰잔치를 열었고, 주변이 정비된 후에도 당간 보존 운동의 지속적 전개와 철당간의 역사적 가치를 시민들에게 알리기 위해 매년 당간문화제를 개최하였다. 철당간 보존을 위한 성금은 3차에 걸쳐 300명의 시민이 2000만 원을 넘게 모금해 사업 추진에 큰 보탬이 되었거니와, 시민들의 자발적인 참여와 정성으로 지역의 문제를 해결한 모범 사례로 기억된다.

두 번째로 인쇄술의 혁명으로 세계사적 의미가 있는 직지찾기운동을 전개했다. 쿠텐베르크 성경보다 70년이나 앞선 인쇄물로서 현존 세계 최고의 금속활자본 『직지』를 찾고, 청주를 세계 인쇄문화의 중심지로 만들려는 직지 찾기 운동은 시민들의 지지와 호응 속에 대대적으로 전개되었다. 청주시민회에서는 1997년 1월 직지찾기운동본부를 발족하고, 직지 알고 찾기 한마당 개최, 직지 세계기록유산 등재 추진, 교육부에 교과서의 직지 내용 첨가·수정 요구 등 2006년 세계직지문화협회가 발족할 때까지 대대적으로 전개하였다.

청주시민회 중심으로 진행된 직지 찾기 운동은 첫째, 청주시민의 문화의식 성장에 기여했고, 둘째, 지역사회에 대한 소속감과 자긍심을 고취시켰다. 셋째, 향토 역사문화에 대한 시민들 관심을 높였으며, 마지막으로 청주를 고인쇄 문화의 메카로 만들기 위한 사업이 본격화되는 계기를 만들었다(청주시민회 10년사). 결과적으로 직지찾기운동은 시민사회가 나서, 직지를 청주의 상징으로 만들고, 청주가 고인쇄 문화의 발생지임을 전국에 알렸다.

시민운동을 시민들에게 각인시킨 총선시민연대

2000년 충북총선시민연대의 낡은 정치 청산을 위한 낙천낙선운동은 급속히 성장하던 시민운동의 최정점을 찍은 획기적 사건이었고, 내게도 지역사회에서 인지도와 영향력이 생기기 시작한 중요한 전환점이 되었다.

IMF 구제금융 사태로 국민들 생활의 어려움이 가중되고 있었지만, 식물국회, 방탄국회, 뇌사국회란 말이 나올 정도의 무능하고 부패한 정치권에 대한 실망감과 좌절감이 커갔다. 이러한 국민적 분노는 점차 증폭되어 다가오는 총선에서 무능 정치인 청산하고 정치를 개혁하자는 요구가 전국에서 봇물처럼 쏟아졌다. 충북에서도 2000년 1월 충북총선시민연대를 결성하고, 본격적인 낙천낙선운동에 돌입하였다. 이때부터 4월까지 3개월여의 기간은 충북지역의 모든 시민사회의 역량이 결집하여 움직였던 시민사회운동의 꽃이 활짝 핀 최전성기였다. 하루하루 수많은 정치개혁 방송과 기사가 쏟아졌고, 시민사회의 정치개혁 활동은 국민들에게 좋은 모습을 각인시켰다.

청주시민회의 모든 역량을 낙천낙선운동에 집중하였으며 시민의 참여와 지지는 뜨거웠다. 충북총선연대의 공동사무국장을 맡은 나도 총선연대 전반의 실무책임자 역할을 담당하였다. 시민운동을 시작한 이후 처음으로 지역사회운동을 책임지고 끌어가는 소임을 맡게 되었으며, 언론의 높은 관심에 거리에서 나를 알아보는 사람들이 조금씩 생겨나기 시작하였다. 택시를 타면 택시 기사님이 알아보고 택시비를 받지 않고 격려해주는 일도 종종 있었다.

지역사회에 내 얼굴이 알려진 것은 도내 전 지역구 국회의원 후보 초청 토론회에 당시로서는 젊은 나이(32살)인 내가 고정패널로 참여하였기 때문이다. 물론 당시에는 우리 지역 모든 시민운동 역량이 결집하여 국회의원 후보들의 정보를 수집하고 분석하여 내게 제공해주었기에 시민과 방송국의 기대를 저버리지 않고 시청자의 속을 시원하게 해주는 송곳 같은 질문을 할 수 있었다. 결국 상근활동가들이 함께 힘을 모아 노력한 결과였다. 낙천낙선운동 이후 시민운동의 위상은 높아졌고 시민단체가 관여하고 영향력을 행사할 수 있는 분야가 다양해지기 시작하였다. 선거 이후 한 주간지에 의해 여러 방송국의 후보 토론회 질의 토론자 중 베스트 패널로 내가 선정되는 영예를 얻기도 하였다.

선생님을 보냈지만 기억은 여전하다

동범 선생님은 1990년대 시민운동의 태동부터 엄청난 성장을 이루는 시기에, 지역의 주요한 의제와 사건 때마다 든든히 중심을 지켜준 분이었다. 선생님은 1980년대 초 심장마비 증세를 극복하고 일어나셨는데, 몸에 심장박동기를 부착하고도 변함없는 활동을 하셨다. 시민운동을 처음 시작했을 때 선생님은 나를 비롯한 상근자들을 만날 때마다 밥을 내고 막걸리를 따라주며 상근자들에게 힘을 주시던 모습이 지금도 생생하다.

청주의 시민운동이 든든히 자리 잡은 2001년 10월, 동범 최병준 선생님이 지병으로 별세하셨다. 최병준 선생님 타계를 지역사회가 함께 슬퍼했고, 시민사회장으로 모셨다. 영결식장에서 신영희 총장님과 이상록 위원장, 윤석위 시인이 조사를 읽을 때 쏟아지는 눈물을 막을 수 없었다. 지금도 최병준 선생님과 함께했던 일들이 선명하게 파노라마처럼 펼쳐지고 문득 한 장면씩 떠오를 때가 자주 있다.

깃발이 되어 달라면
큰 깃대와 함께 기꺼운 깃발이 되어 주었고
등불이 되어 달라면 아낌없이 자신을 태워
등불이 되어 주었고
단 한 번도 노하여 소리치지 않았어도
따뜻한 목소리 더 큰 메아리로 돌아오게 했던

그 빛과 같던 이
그 썩지 않는 소금 같던 이
맑은 바람 같던 이
오늘 그이를 보내드리며
가슴 깊게 울리는 소리로
그이를 불러봅니다

— 윤석위 「동범 최병준 선생님 영전에」 부분

    동범 선생님의 숭고한 시민운동 정신을 후배들이 이어가는 방법에 대한 고민 끝에 2003년 충북시민사회단체연대회의에 최병준 선생님의 호를 딴 동범상 제정을 제안하여 2004년부터 매년 신년 인사회를 통해 시상하고 있다. 이제는 우리 지역 시민운동 발전에 공헌이 있는 시민운동가들이 꼭 받고 싶어 하는 대표성과 상징성이 있는 상으로 자리 잡았다. 나는 100인의 시민사회 활동가와 전문가, 언론인들이 추천하여 최다 득표를 한 사람을 수상자로 선정하는 상향식 추천 방식으로 시작된 제1회 동범상을 수상하는 영광을 얻었다.

지금도 매년 10월이면 월오동 공원묘지 최병준 선생님의 묘소를 찾는다. 선생님의 삶과 지역사회에 대한 한없는 사랑과 활동을 돌아보며, '처음 마음으로' 돌아간다. 내가 큰 실수 없이 시민사회의 성숙과 발전이라는 한 길을 걸어올 수 있었던 것도 내 마음의 중심으로 자리 잡고 있는 최병준 선생님 덕이라 생각한다.

청주와 청원을 **하나로**

조선시대 때 청주는 충주와 함께 충청도의 중심도시였다. 일제 때 청주목이 청주군으로 되었다가 1946년 미군정에 의해 청주시와 청원군으로 갈라져 별개의 행정구역으로 되었다.

점점 도시가 확장, 발전해 가며 청주·청원 통합이 새롭게 이슈화되었다. 청주·청원 통합이 가져오는 문제점보다는 좋은 점이 많고, 청주·청원 통합을 통한 시너지 효과가 있다는 인식이 확대되면서 1994년부터 통합의 움직임이 일기 시작했다. 그 이후 4차례의 시도와 우여곡절 끝에 2014년 마침내 청주와 청원은 80만 명이 넘는 하나의 도시로 통합되었다.

그러나 청주·청원 통합이 긍정적 결과만 가져온 것은 아니다. 옛 청원군 지역, 특히 농촌 지역은 통합의 혜택을 누리기보다는 도심의 오염물질과 쓰레기를 처리하는 곳으로 전락하기도 했고, 농업과 농촌 마을에 대한 정책도 우선순위에서 밀려나 처음 기대했던 주민들 속에서 불만의 목소리가 나오기도 한다.

청주와 청원의 상생발전을 위해 통합했는데, 결국 도심 중심의 편익만 발전하고, 이에 반해 소외된 지역과 사람들이 생겨났다는 것이다. 이런 상황이 되니 옛 청원군 지역에 대한 새로운 발전 전략과 지원이 절대적으로 필요하고, 그래야만 진정한 의미의 상생발전이 가능하다는 의견이 늘어나고 있다. 참여연대 활동을 통해 청주와 청원 통합운동에 참여했던 사람으로서 지금도 애초에 지향하고 목적했던 바가 제대로 이루어지고 있는지 관심 갖고 지켜보게 된다.

청주시민회에서 충북참여자치시민연대로

시민사회운동이 점차 많이 알려지고 양적으로 성장하였지만, 질적인 성장이 따라주지 못하고 있었다. 당시만 해도 시민사회활동가들은 최저임금에도 미치지 않는 급여를 받는 단체가 대부분이었고, 작은 단체는 4대 보험 가입도 못 하고, 소정의 금액을 활동비 형태로 주는 단체도 적지 않았다. 시민단체의 활동은 점차 영역이 확장되고 진행 속도도 빨랐으나, 이에 비해 회원 수, 회비 내는 회원의 증가 속도와 조직의 안정은 따라주지 못했기 때문이다.

시민단체 운영이 영세하고 어려워지자 정부나 기업의 보조금과 지원을 받으려는 단체들이 생겨났다. 문제는 보조금을 받게 되면 회원들의 참여와 힘으로 단체를 운영하려는 의지가 퇴색되고, 편한 쪽에 기울게 되어 시민운동단체의 자립을 어렵게 만든다는 데 있다. 그래서 보조금을 받으려는 단체건 그렇지 않은 단체건 회원 수를 늘리려는 노력을 게을리 할 수 없었다.

이러한 고민은 청주시민회도 마찬가지였다. 2001년 청주시민회는 총선연대 낙천낙선운동의 성과를 바탕으로 수많은 내부 토론과 논쟁의 과정을 통해 시민이 주인으로 나서는 시민운동을 지향하며, 지역사회 권력 감시 운동을 강화하고, 참여민주주의를 확대하는 시민운동 조직으로 탈바꿈하자는 결정과 함께 충북참여자치시민연대로 조직 명칭을 개칭하는 질적 전환을 시도하였다. 무엇보다 정부 보조금 없이 회원의 회비로만 자립하는 조직을 만들겠다는 선언과 약속을 시민들 앞에 공개적으로 하였다. 당시 상근 활동가로 함께 일하던 김예식·양준석·이선영·이효윤 등과 주요 임원으로 참여하고 있던 남기헌·임성재·이향동·정영수 등이 어울려 진지하게 고민하고 치열하게 토론하던 기억이 아름다운 추억으로 남아 있다. 어려운 살림이지만 당당하게 우리의 목소리를 내고 싶었기 때문이다. 결과적으로 우리 조직이 건강해지고 원칙을 지키는 시민단체로 거듭나는 계기가 되었다.

시민단체는 운동에 공감하는 시민들의 참여가 많아져야, 즉 자발적으로 회비 내는 회원이 많아져야 안정적인 활동을 할 수 있다. 또한 시민운동에 뛰어들어 열심히 움직이는 단체의 활동가들이 체계적으로 양성되고 훈련되어야 지역사회에서 의미 있는 활동을 할 수 있다. 그리고 무엇보다 지역의 주요한 의제나 현안에 대해 시민사회단체가 뜻을 모으고 공동으로 대응하는 연대운동이 활성화되어야 지역문제에 효과적으로 대응할 수 있게 된다.

충북시민사회단체연대회의 창립

정치, 경제, 노동, 여성, 환경, 생태, 지방자치, 장애인 등 다양한 영역에서 성장해온 지역 시민운동단체들은 총선시민연대 활동을 통해 연대하고 공동대응하여야 지역의 현안 문제에 효과적으로 대응할 수 있다는 것을 깨닫고 상설 연대운동 조직의 건설에 대한 논의를 시작했다. 이러한 흐름을 반영하여 시민단체들의 상설연대 조직인 충북시민사회단체연대회의 창립을 지역사회에 제안하였다.

2002년 11월 지역 시민사회의 공동발전을 위해 수평적으로 협력하고 단체 간 교류 활성화, 상근활동가 역량 강화 등을 공동사업으로 추진하기로 약속한 18개 시민단체가 참여한 가운데 충북시민사회단체연대회의가 창립되었다. 나는 연대회의 초대 사무국과 사무국장을 담당하여 지역시민사회의 연대운동이 한 단계 성숙하는 데 기여하기 위해 힘썼다. 지금도 연대회의는 29개 시민사회단체의 상설 협의기구로 매년 단체가 돌아가며 사무국을 운영하며, 지역시민사회운동의 발전과 지역사회 개혁을 위해 함께 노력하고 있다.

연구와 운동을 병행하며 지역시민운동을 고민하다

『논어(論語)』 '위정편(爲政篇)'에 보면 子曰 學而不思則罔, 思而不學則殆(자왈 학이불사즉망 사이불학즉태)라는 말이 나오는데, 풀어보면 '배우기만 하고 생각지 않으면 사리에 어둡게 되고, 생각만 하고 배우지 않으면 위태롭다'라는 뜻이다. 이것은 결국 배우기만 하고 실천하지 않으면 아무것도 아니고(어두워지고), 실천은 하되 지속해서 배우지 않으면 위태로워진다는 뜻일 것이다.

NGO 활동가가 연구와 공부를 게을리하여 전문성이 없으면 그 주장과 실천은 내용 없는 메아리가 되고, 연구만 하고 변화를 위한 실천을 하지 않는다면 아무 힘도 없고 쓸모없는 지식으로 전락할 것이다. 그래서 활동가에는 전문성과 실천성을 함께 높여 나가는 노력이 필요하다.

수없이 생겨나는 지역사회 현안의 중심에서 활동가로서 시민운동을 좀 더 성과 있게 진행하기 위해서는 나도 지방자치와 행정에 대해 전문성을 더 키워야겠다는 생각이 들었다. 2003년은 불교방송 데일리 시사프로그램 진행자이자 이명박 정부의 행정도시 백지화 시도를 저지하기 위한 대응활동, 청주·청원 통합 운동 등으로 바쁜 시기임에도 지방자치 혁신의 전문성을 보완해야겠다는 생각에 대학원에 진학하였다. 충북대학교 행정대학원에 등록해 2005년 8월 '지역시민운동 조직역량 강화 방안 연구'라는 주제로 석사학위를 취득하였다.

또한 석사학위 과정 때부터 약 2년 6개월간 청주 불교방송 데일리 아침 프로그램 '시사저널 967'을 진행하는 색다른 경험을 하였다. 지난 삶을 돌아보면 이때가 다양한 일들을 한꺼번에 몰아치듯 하느라고 무척이나 바쁘고 분주한 생활을 했던 시기였다. 일에 대한 열정과 새로운 문제에 대한 호기심이 학습, 방송, 현장 활동을 동시에 추진할 수 있는 내적 동력이 되었던 것 같다.

그러나 과도한 에너지 소모는 당장의 이런저런 성과를 만드는 장점이 있지만, 정신적 육체적인 소진이라는 문제에 직면하게 했다. 어느 순간부터 일이 지루해지고 새로운 일에 대한 부담을 느끼는 자신을 발견하면서, 재충전을 위해 쉬어야겠다고 결심했다. 단체 임원과 사무처 활동가들의 양해를 구하고 2005년 1년간 안식년 휴가를 받았다. 상반기 6개월은 석사학위 논문 작성에 사용하였고 하반기 6개월은 당시 필리핀에 있는 아시아 NGO센터 연수프로그램에 참여하였다.

필리핀 연수 처음 3개월은 실질적인 연수 기간이라 혼자 필리핀 마닐라에서 같은 연수생 동기 5명과 생활하였고, 나머지 2개월은 6살 딸 소연이와 3살 아들 준호를 데리고 생활하였다. 어쩌면 지금까지 살면서 온전하게 쉼을 누리고, 또 전적으로 아이들의 육아와 교육을 책임져 본 유일한 시간이 아니었을까 생각된다. 요즘도 가끔 필리핀 이야기를 하면 아이들과 단절되었던 대화가 이어지고 그 당시의 아름다운 추억을 떠올리며 함께 즐거운 감상에 젖어 들곤 한다. 아시아 NGO 센터에서의 연수는 국제적인 연대운동과 풀뿌리 주민운동, 시민사회 활성화에 대한 영역으로 시야를 확장해 준 소중한 경험이었다. 특히 NGO 상근활동가들에 대한 다양한 연수 경험이 자신의 성장과 사회변화를 위한 운동의 새로운 동력이 될 수 있다는 신념을 갖게 했다.

청주·청원 통합운동에 몰입하다

역사적으로 청주시와 청원군은 같은 청주군이었으나 1946년 청주읍과 나머지 지역이 분리되어 청주시와 청원군이 되었는데, 2014년 68년 만에 다시 하나의 통합시가 되었다.

한번 갈라진 시·군이 하나로 통합되기는 쉽지 않았다. 청주시와 청원군은 동일한 역사를 지닌 같은 생활권임에도 서로 다른 행정구역 구분으로 주민의 불편과 행정력 낭비를 가져왔으며, 자치단체 경쟁력 저하의 원인이 되고 있었다. 1994년, 2005년, 2008년까지 3번이나 주민 의견조사와 주민투표까지 시행되었는데, 청원군민의 반대로 통합에 실패하다가 2014년 4번의 시도 끝에 통합되었다.

내가 속한 충북참여자치시민연대에서는 2002년 청주·청원 통합을 3대 중점사업으로 선정하고 통합운동에 뛰어들었다. 2002년 청원 청주 균형발전 추진위원회를 조직하여 통합운동을 시작한 이래 2005년 지역의 시민단체와 함께 청주·청원 하나되기 운동본부를 결성하고 기금모금, 주민투표실시 홍보, 투표실시 촉구 활동, 주민투표 참여 운동을 진행하며 청원지역을 누비고 다니며 적극적으로 활동 하였으나 통합은 성사되지 않았다. 2008년 청원·청주 상생발전위원회를 구성하고 상생 비전 만들기, 통합홍보대사 활동을 벌였으나, 청원군 의회의 통합부결로 또 통합에 실패하였다. 그러나 통합에 대한 요구는 더 높아지고, 통합 후 일어날 여러 가지 문제 대한 대안 마련, 상생발전 비전을 합의하며 내가 충북NGO센터장으로 자리를 옮긴 2014년 청주와 청원은 결국 통합되었다.

이때 시민사회단체들은 자치단체의 사례 연구(통합창원시, 여수시, 천안시, 충주시, 원주시)를 통해서 통합의 당위성을 확보하고, 청주·청원 통합시 모델 제시를 위한 연구용역 결과를 읍·면 주민에 순회설명회를 통하여 지역주민의 의견을 수렴하였으며, 주민 공감대 형성을 위한 홍보물 제작 및 배포를 통한 주민홍보에 주력하였다. 이러한 활동을 근본으로 하여 5개 분과위원회를 구성하여 분야별 청원·청주 상생발전 방안을 도출하여 청주시 측에 제안하는 성과를 냈다.

충북참여연대 사무처장으로 2011년까지 활동하며 중요하게 진행했던 사업 중 하나가 청주·청원 통합 운동이었다. 통합운동은 세 번의 실패 끝에 실현되었는데, 서로 간의 다른 인식과 차이를 줄이고 결국 하나로 뭉쳐지는 과정, 예상되는 난관 및 갈등 해결을 위한 다양한 영역에서 상생발전 방안을 마련하는 일을 통해 서로의 거리가 멀기만 했던 청주와 청원이 차이를 극복하는 과정을 함께 하며 새로운 배움과 전망을 배울 수 있었다.

특히, 서로의 이해가 다르더라도 끝까지 포기하지 않고 대의와 원칙을 지키며 서로를 존중하고 차이를 줄여나가다 보면, 더디지만 서로에게 도움이 되고 서로 상생할 수 있다는 것을 깨닫는 경험은 이후 내가 새로운 일들을 만들어 가는 데 귀중한 자산이 되었다.

시민운동의 토양과 NGO센터

　1993년 충북시민회에서 일하기 시작한 이래 20년을 쉼 없이 달려왔다. 초기에 비해 조직은 몰라보게 성장했고, 단체 활동도 어느 정도 체계가 잡혀 운영되고, 지역사회 현안에도 대응해온 경험이 축적되었다. 나에게 시민운동은 도전과 변화, 고난과 성취의 과정이 함께한 시간이었고, 그렇게 20년의 세월 속에 청주와 나는 일체가 되다시피 했다. 어디 가나 청주를 말하고, 청주의 현안과 운동을 알리는 청주인으로 살았다. 그렇다! 지금의 나를 만들어 준 것은 분명 시민운동이었다.

　20년 세월은 어려움을 극복하고 새로운 것을 만들어가는 시간이기도 했지만, 반복되는 일상과 사건 속에 긴장감이 떨어지고 익숙해지는 시간이기도 했다. 매너리즘에 빠졌다고나 할까. 2012년 나는 20년을 함께 해온 참여연대 사무처장을 내려놓고 새로운 도전을 시작했다. 권력감시형 시민운동가에서 지역 NGO의 영역과 기반을 확장하고, 시민운동가의 성장을 돕는 일을 시작한 것이다.

정든 참여연대를 떠나다

사람의 다양한 경험이 좋은 영향만 미치는 것이 아니다. 오래된 경험이 냉철한 판단을 흐리게 하고, 조직에 부정적인 영향을 미치고 독이 되는 경우도 종종 있다.

사실 시민운동을 제대로 하려면 지역에서 발생하는 다양한 현안에 대해 당사자와 현장의 목소리를 경청하고 그곳에서부터 해법을 찾으려 노력해야 한다. 사회적 약자와 공익 실현이라는 원칙적 잣대를 가지고 균형감 있는 인식과 운동을 해야 하며, 어려운 과제에 직면하면 열정을 가지고 헌신해야 한다.

그런데 현장의 소리를 듣기보다 과거의 경험에 기초하여 섣부른 판단을 하고, 필요하지만 힘겨워 보이는 현안에 대해서는 적당히 연대하는 척하고, 헌신하기보다 언론을 통해 쉽게 운동하려는 내 모습이 보이기 시작했다. 이렇게 관성화 되어가는 모습을 보며 시민운동에 정년이 없어야 한다는 평소 신념과 주장이 잘못된 것일 수 있다는 회의가 생겼다.

그런가 하면, 지역 시민운동의 역사가 20년이 넘어가고 있었지만, 시민단체에서 일하는 상근자들의 삶은 나아지지 않고 있었다. 단체와 지역사회가 언제까지 상근활동가들의 희생에 기초한 헌신을 요구할 것인지 자주 회의적 질문이 일어났다. 전문성을 가진 활동가들은 점점 나이 들어가는데, 많지 않은 회원들 회비와 후원금에 의존하는 시민단체는 상근활동가들에게 생활임금은 고사하고 최저생계비 지급도 어렵다 보니, 시민운동에 뜻을 둔 새로운 젊은 활동가 충원이 쉽지 않았고 새로 뽑아도 잠시 머물다 떠나기를 반복하였다.

이러한 상황적 어려움을 타개해야 한다는 책임감이 들었으나, 해결은 어려워 결국 고민이 반복되었다. 이러한 고민의 반복 끝에 새롭게 지역 시민사회의 역량을 강화하는 일에 이바지해야겠다는 마음을 먹게 되었다.

오래 고민하며 새로운 길을 마음 먹었으나, 막상 참여연대를 떠나기는 쉽지 않았다. 알게 모르게 사무처장으로 누려온 기득권을 내려놓기 싫은 마음, 허허벌판에서 새로운 일에 도전해야 하는 두려움, 나 아니면 안 될 것 같다는 과도한 책임 의식 등이 발목을 잡기도 했다. 내부적으로 새로운 사무처장을 맡을 사람을 찾는 일과, 운천동을 떠나 새로운 사무실을 찾아야 하는 상황 또한 쉽지 않았다. 다행히 나와 함께 오랫동안 참여연대 활동을 해온 이선영 국장이 사무처장직을 수락해 주었고, 자발적인 기부와 봉사로 우암동에 넓은 평수의 사무실을 마련하여 이전하니 조금은 홀가분하게 충북참여연대를 떠날 수 있었다.

참여연대를 떠날 때 후배 활동가들과 회원들이 준비해준 조촐하지만, 의미 있는 퇴임식과 이선영 처장의 취임식은 지금도 가슴 뭉클한 진한 감동이 여운으로 남아 있다. 새로운 길을 여는 활동가에 대한 따뜻한 애정과 눈물로 보내는 뜨거운 배웅은 내가 살아온 날에 대한 최고의 보상이었고, 앞으로 헤치고 나가야 할 길의 나침반이요, 두려움을 이기는 희망의 메시지가 되었다. 시간이 오래 지났으나 지금도 같은 마음이어서 퇴임식에서 내가 낭독했던 글을 소개한다.

충북참여자치시민연대 사무처를 떠나며

저에게 있어 충북참여연대에서 시민운동가로 살아 온 세월은 너무도 기쁘고 행복했습니다. 참여연대를 통해 만나 함께 일하며, 고민하고 술잔 기울이며 밤새워 어울릴 수 있는 사무처 동료가 있어 언제나 든든했습니다. 충북참여연대 일이라면 만사를 제쳐두고 달려와 재능과 자원을 나누는 회원들은 지난 20년 동안 제가 이 자리를 지킬 수 있는 힘의 원천이었습니다. 그리고 지역 현안이 있는 현장에서 아무 가진 것 없어도 신뢰와 연대 정신으로 함께했던 지역 시민사회 활동가들이 있어 희망을 가지고 난관에 도전하는 용기를 얻을 수 있었습니다. 이 자리를 빌려 진심으로 감사의 인사를 올립니다.

1990년대 시작된 시민운동의 태동과 전성기 20년 동안 시민단체 실무책임자로 일할 수 있는 기회가 저에게 주어진 것은 행운이었다고 생각합니다. 노력한 것에 비해 과분한 칭찬과 지지와 격려를 받았습니다. 정치개혁, 행정개혁, 사회개혁, 분권 균형발전 등 거의 모든 영역에서 시민단체가 주장하면 그것이 지역사회의 이슈가 되던 황금 같은 시절을 신뢰와 공신력을 확보한 충북참여연대에서 일할 수 있었던 것도 저에겐 큰 보람이었습니다.

시민운동의 영향력과 신뢰가 예전 같지 않다며 걱정하고 우려하는 목소리가 높아지고 있는 시점에서 저의 뒤를 이어 사무처장의 역할을 감당해야 할 이선영 신임 사무처장에게는 정말 미안한 생각이 듭니다. 너무 큰 짐을 지우고 떠나는 것 같아 선배 운동가로서 면목이 없기도 합니다. 그러나 이선영 처장은 소통과 공감능력이 뛰어나고, 자신을 드러내기보다 타인을 빛나게 하는 겸손함과 회원과 시민을 운동의 중심에 두는 원칙이 분명한 활동가이기에 지금의 난관을 슬기롭게 극복하고 충북참여연대가 회원이 중심이 되는 민주적인 조직으로 한 단계 도약하는 새로운 전형과 모범을 창출해 나갈 것이라 믿습니다.

저는 시민운동을 하면서 몇 가지 원칙을 가지고 지키려는 노력을 해왔습니다.

첫째는 사람에 대한 신뢰라 생각합니다. 아무리 미워도 마지막 남은 신뢰의 끈을 놓지 말아야겠다는 생각, 당장 얼굴 붉히며 싸우고 나의 뜻과 다른 길을 가더라도 결국은 한길을 갈 것이라는 믿음을 갖자는 것입니다.

다음으로 부단히 변화하고 진보해야 한다고 다짐해 왔습니다. 세상 모든 만물이 변하는 것처럼 시민운동가는 부단히 새로워져야 하고, 똑같은 일을 관행적으로 반복해서는 안 된다는 것이었습니다. 아무리 생각해도 새로운 것이 없으면 글자 순서라도 바꿔야 한다는 생각을 해왔습니다. 이를 위해 시민운동가는 끊임없는 학습과 성장의 관점을 유지하기 위해 노력해야 한다고 생각합니다.

셋째로 미래에 대한 희망, 우리 사회가 결국은 더 좋은 사회로 변할 것이라는 낙관적 자세를 견지하고자 하였습니다. 절망은 좌절을 낳고, 좌절은 무관심과 냉소를 낳는다고 생각합니다. 이는 우리 사회 서민과 약자들에게 절대적으로 불리한 일입니다. 희망이 있어야 도전할 수 있고, 부단히 도전해야 정치와 권력을 바꿀 수 있기 때문입니다.

넷째, 어렵고 복잡한 문제일수록 혼자 고민하지 말고 열린 논의를 통해 해결하자는 것이었습니다. 스스로의 고뇌에 찬 결단은 장엄할 수는 있어도 독선으로 흐를 수 있고, 다수의 공감과 동의, 공동의 책임의식을 불러오지 못하기 때문입니다.

지난 며칠간 알 수 없는 공허함과 불안감이 엄습해왔습니다. 왜 그럴까 생각해보니 충북참여연대라는 너무도 소중한 보물을 놓치는 것 같은 불안감 때문이 아닐까합니다. 창립 이후 지난 22년 동안 참여연대의 정신을 지켜온 故 동범 최병준 회장님을 비롯하여, 시민운동의 원칙을 지키고, 조직의 자립성과 독립성을 유지하기 위해 헌신해온 수많은 회원님들이 첫 번째 보물입니다. 두 번째는 10년을 넘게 한 솥밥을 먹으며 쌓아온 상근활동가 사이의 신뢰와 믿음, 든든한 동지애 그 무엇과도 바꿀 수 없는 소중한 자산입니다. 과연 앞으로 이런 좋은 운동가들과 다시 만나 함께 일을 할 수 있는 기회가 있을까를 생각하면 아쉬움이 너무도 큽니다.

회원들의 사무처 상근활동가에 대한 무한한 애정에 기초한 신뢰와 참여는 무엇과도 바꿀 수 없는 참여연대의 자랑이라 생각합니다. 자신의 이름과 얼굴을 알리기보다 뒤에서 선행을 하려는 분들이 넘쳐나고, 조직에 어려움이 닥치면 가장 먼저 자신의 주머니를 열어 다른 분의 동참을 이끌어내는 미덕이 있습니다. 지금까지 무한신뢰를 보내주셨던 많은 회원님들을 일상적으로 만나 함께 일할 수 없다는 것이 정말 아쉽습니다.

끝으로 저의 아내를 소개합니다. 1989년 처음 만난 이후 지금까지 언제나 저의 활동을 지지하고 격려해준 제 인생의 동행자입니다. 경제적 어려움, 가족 구성원의 책임과 의무를 다하지 못하는 사람에게 단 한 번도 시민운동 하는 것 자체를 반대한 적이 없습니다. 시민단체 상근활동가로서의 음주, 가무를 조심하고 절제하라, 말조심하라는 등 도덕성과 책임성, 윤리성을 강조하며 구박을 하긴 했지만요. 저의 아내 김인순 여사가 없었다면 지금의 저도 없었을 것입니다.

이제 새로운 시작을 하려합니다. 지금까지 현장 활동가로서 고민했던 시민사회의 많은 과제를 측면에서 지원할 수 있는 길을 찾아가겠습니다. 그 과정에서 함께 만나 고민하고, 더 나은 우리의 미래를 설계해 나갔으면 합니다.

앞으로 충북참여연대가 시민운동의 새로운 시대를 연 것에 만족하지 않고, 변화된 새로운 시대, 새로운 시민운동의 모델을 또다시 선도해 나가는 단체로 성장하는 모습을 기쁜 마음으로 지켜보며 함께 협력해 나가겠습니다. 감사합니다.

그러기에, 여기, 스무살 열혈 청년
충북참여자치시민연대가 있다

참여와 연대의 바다, 희망의 바다가 있다

충북참여자치시민연대여!
저 어둠 너머, 희망의 바다로
앞으로도 또 이십 년, 이백 년, 힘차게 노 저어 가라!
— 송찬호 「다시 사람 사는 세상으로」 부분

시민사회 활성화의 마중물, 충북NGO센터 창립

시민사회 역량 강화를 위한 지역재단과 중간지원 조직 설립은 2005년 고심 끝에 작성한 석사학위 논문의 주제였다. 시민사회가 건강하게 성장하는 지속가능성을 위해서는 시민운동을 지원하는 NGO가 필요하고, 이는 시민운동을 지원하는 기금조성, NGO 활동가의 역량을 강화할 수 있는 교육연수 프로그램 개발, 민관의 파트너십에 기초한 거버넌스 체계 형성, NGO 자체의 건강성과 자립성을 확보할 수 있는 회원 및 모금사업 역량 강화 등이 반드시 마련되어야 한다는 내용이었다.

나는 이러한 활동이 가능한 인프라를 구축하는 방안으로 2010년 지방선거에 충북참여자치시민연대의 정책 제안사업으로 충북NGO센터 설립을 도지사 공약으로 제안하였고, 민선 5기에 충북지사로 출마하여 당선된 이시종 후보가 공약화하였다. 2010년부터 시민사회를 지원하는 중간지원조직 설립을 충북시민단체연대회의와 협의하여 진행하기 시작하였다. 여러 가지 우여곡절이 있었지만 충북지역 시민사회단체 대표자와 핵심 활동가들이 참여한 가운데 시민사회 공동발전, 도내 NGO의 균형발전, 시민운동의 지속 가능성 강화를 주요 목적으로 하는 사단법인 충북시민재단을 2011년 10월 18일 창립하였다.

이사장에 청주YWCA에서 30년을 봉사한 이후 정년퇴임 한 신영희 이사장이 선출되었으며, 나는 상임이사에 선임되었다. 충북시민재단 상임이사에 선임된 이후 충북NGO센터 설립을 위한 일을 충북도와 함께 본격적으로 추진하면서도 1년간 충북참여연대 사무처장의 직을 유지하였다. 후임자를 빠르게 정하지 못한 탓도 있고, 또 참여연대 조직 내에서 내가 단절 없이 일할 수 있도록 배려해준 의미도 있었다.

2012년 10월 18일 충북NGO센터가 문을 열었다. 충북NGO센터는 시민운동을 지원하는 중간지원 조직 중 지방자치단체가 조례를 통해 설립기반을 만들고, 전액을 지자체 예산으로 지원한 첫 번째 사례가 되었다. 그러나 출발은 매우 힘든 과정이었다. 새로운 시민사회 중간지원 조직에 대한 시민사회와 자치단체의 이해가 부족하였고, 최초의 조직이다 보니 지원사업을 해본 경험 있는 활동가 자원이 전혀 없었다. 첫해 3개월은 3명밖에 안 되는 상근자를 확보하지 못해 2명이 240여 평의 공간을 현 유지봉 센터장과 쓸쓸히 지키고 있어야 했고, 재원도 절대적으로 부족해서 NGO를 지원하겠다고 생겨난 센터가 지원할 예산이 거의 없는 난감한 상황을 맞이했다.

시민사회의 참여와 기부를 활성화한 1004운동

충북NGO센터가 정체성과 자율성을 확보하는 중간지원조직이 되기 위해서는 재원을 100% 충북도에 의존하는 조직이 되어서는 안 된다고 판단하였다. 그래서 2012년부터 충북시민재단은 시민공익활동이 활성화되어야 지역사회 주민의 삶의 질이 높아지고 일과 사업보다 일하는 사람에게 투자해야 지역의 미래가 있다는 것을 알리며 적극적인 모금 운동을 시작하였다. 모금은 기존 시민단체의 모금 대상과 중복되지 않는 새로운 기부대상을 발굴하는 쪽으로 방향을 잡았다. 기부 명분에 맞게 매년 100만원 이상 기부하는 1004클럽을 조직하는 방식으로 진행했다. 선한 뜻을 가지고 있는 1004클럽에 참여한 분들을 중심으로 보다 친밀한 관계망을 통해 사회적 기부에 동참할 수 있는 조직으로 1004클럽 CEO포럼(초대 회장 경기호 좋은술세종 대표)이 활동하면서 충북시민재단은 재정적 안정성과 자립성을 높일 수 있었다. 정부가 지원하는 경직성이 강한 재원에만 의존하는 중간지원조직으로 만족하지 않고 스스로 자립하는 조직이 되기 위해 넓은 기부의 바다로 뛰어들었던 것이 일정한 성과를 낸 것이다.

민간의 기부와 참여에 대해 고민하며 모금에 관한 많은 독서를 하였다. 모금 프로젝트를 진행하기 전에는 반드시 선배 모금가들의 열정을 책을 통해 읽고 용기를 낼 수 있었다. '기부 제안이 거절될까 봐

미리 걱정하거나 두려워하지 마라, 그는 당신을 거부한 것이 아니라 그 프로젝트를 거절한 것이다, 어쩌면 기부할 상황이 못 되는 것일 수도 있다'는 생각을 하면 누구에게나 두려움 없이 기부 요청을 할 수 있게 되었다는 격언이 생각난다. 누군가에게 지역사회에 공헌할 수 있는 기회를 제공하는 것이 기부 제안이라 생각하면 기부컨설팅은 다수의 시민들이 공익적 삶을 살도록 안내하고 기회를 만들어주는 매주 중요한 역할이란 생각도 들었다.

충북NGO센터는 시민재단의 모금과 자부담 덕분에 충북도의 지원금에 더해서 타 지역에서는 할 수 없는 상근활동가 활동비 지원, NGO활동가 자녀 장학기금, 활동가 휴식과 재충전 지원 등 맞춤형 협력 사업을 진행할 수 있었다. 또한 NGO센터는 사람을 발굴하고 키우는 곳이란 관점에서 사회적기업진흥원에서 매년 공모를 통해 위탁기관을 선정하는 사회적기업가 육성사업에 응모하여 2013년부터 현재까지 매년 20~25개 팀을 발굴 육성하는 사업으로 시민사회와 사회적기업간 신뢰에 기초한 협력적 네트워크 구성을 지향해 가고 있다.

새로운 고민 – 지역혁신의 사례와 변화의 한계

충북도와 청주시는 변화를 선도하지 못하고, 다른 지역이 시행착오를 다 겪고 그만둘 때쯤 되면 뒤늦게 발동을 건다는 우스갯소리를 자주 들었다. 지역에서 새로운 모범 사례가 발굴되면 이를 정책화하고, 확산하려는 의지가 강하고, 새로운 시스템을 구축해야 하는데 이런 것들이 따르지 못하기 때문일 것이다.

전국적으로 사회적 경제에 대한 단체장들의 관심이 집중되면서 지역자립과 순환, 에너지 전환, 마을공동체의 복원, 수복형 도시재생, 공유경제 등이 활발한 실험단계를 거쳐 주민의 삶의 질을 실질적으로 개선하는 단계로 진입하고 있지만, 사회적 경제 조직과 시민사회의 수없는 제안과 주장에도 우리 지역의 지자체는 소이부답의 행태만 보이고 있었다.

시민사회가 20여 년 가까이 주장해온 거버넌스는 형식만 남고 정책결정권을 공유하는 관점은 어디에도 찾아보기 어려웠다. 일례로 주민의 자치역량 강화에 매우 중요한 역할을 하는 주민참여 예산제도는 형식만 남아 있고, 주민을 정책 결정에 실질적으로 참여시키거나, 주민참여를 촉진하는 민주시민교육 활성화, 주민의 직접 결정권을 강화하려는 어떠한 새로운 시도도 행정에서는 나타나지 않는 것이다.

그렇다보니 시민사회에서 다양한 일을 하면 할수록 뭔가 채워지지 않는 공허함이 커졌다. 시민사회가 성장해서 아무리 혁신적인 정책을 개발하여 제안해도 지방자치단체 정책으로 결정되는 것은 극히 일부이고, 이조차도 정책이 시행되는 과정에서 본질이 왜곡되어 결과적으로는 아무 의미 없는 일이 되어 버리는 것을 자주 겪어서일 것이다.

시민과 기업인들은 여전히 높은 행정의 문턱과 관료주의에 절망하고 체념하는 모습을 지켜보면서 답답함을 넘어 이제는 우리 지역을 이대로 둘 수는 없다는 지방자치 혁신에 대한 절박한 심정을 갖게 되었다. 특히 시민운동가로 함께 지방자치 혁신을 고민하고 실천해왔던 서울시와 성남시, 수원시장의 지역혁신 성과들이 알려졌다. 가까운 충남도의 농정혁신과 사회적 경제의 성장으로 충남도의 이미지가 개선되고 충북과의 격차가 벌어지는 과정을 보면서 이제는 전통적 관행에 익숙한 관료적 마인드로는 우리 지역사회 변화와 발전을 선도해나가기 어렵다고 판단했다.

복잡한 사회적 난제를 관행적 지방정치, 관 중심적 사고의 틀을 벗어나지 못하는 정치 리더십으로는 갈등의 골과 행정의 불신만 높이지 문제를 해결하는 역량을 발휘하기 어렵다. 우리 청주도 이제는 혁신을 수용하지 못하는 구시대 정치의 혁신이 절실히 필요한 시점이 되었다. 생활 정치 이념으로 무장된 혁신적 리더십이 등장하지 않고는 지금의 한계와 뒤쳐짐을 되돌릴 수 없다는 절망감에 나로부터 변화를 위한 도전에 나서서 새로운 길을 만드는 역할을 해야겠다는 생각을 막연하게나마 하게 되었다.

새로운 도전 – 막힘과 시련 속에서 배우다

기회는 우연하게 찾아왔다. 충청북도가 그동안 한 번도 시민사회에 개방한 적이 없는 충북도청 내 최고위직에 해당하는 전문임기제

공무원으로 소통특보(2급 상당)를 신설한다는 것이었다. 충북NGO센터장으로 일하면서 민·관 협치의 중요성을 절감했고, 어쩌면 형식적인 제도로만 존재하는 충청북도 민·관 협치 수준을 한 단계 도약시키는 데 내가 기여할 부분이 생길 수도 있다는 생각이 들었다.

그동안 다양한 민관협력기구의 활동에도 불구하고 무언가 해결되지 않는 답답함과 공직사회 일하는 방식의 변화를 만들어 지역사회 각종 문제를 민관 협력을 통해 해결하는 새로운 모델을 만들고 싶은 욕심도 있었다. 이런저런 고민 끝에 시민사회 원로 선배님, 동료 활동가, 가족, 가까운 지인들과 상의한 결과 직접 들어가서 민관 협치를 실현하는 일을 해보는 것이 좋겠다는 의견이 모아졌고 충청북도 소통특보 공모에 응시하였다. 이 작은 선택이 내 인생에서 지금껏 경험해 보지 못한 엄청난 시련과 연단이 될 줄은 몰랐다.

스스로를 돌아보면서 내가 정말 가야 할 길인지, 또 잘 해낼 수 있는 일인지에 대해 질문해 보았다. 충북 청주에서 25년 동안 권력 감시 운동과 거버넌스 그리고 모금전문가로 시민운동 현장을 지켜온 과정을 되돌아보았다. 풀뿌리 자치와 주민참여 제도화를 위한 입법활동, 지자체의 각종 위원회 참여를 통한 행정의 장점과 한계에 대한 이해정도, 갈등관리와 주민참여, 지역혁신에 대한 다양한 교육활동 등등의 경험과 나름의 전문성을 생각할 때 소통특보를 수행하는데 큰 어려움을 없을 것이라고 낙관적으로 전망하였다. 또 지역사회가 큰 거부감 없이 나의 활동을 용인해줄 것이란 다소 낭만적이고 순진한 생각도 하였다.

내정 소식이 알려지면서 도의원은 물론이고 여러 언론에서 선거용 인사라는 지적을 하며 비판이 시작되었다. 이후 언론과 공무원 사회, 퇴직공무원까지 도지사를 압박하고 임용철회를 요구하는 참으로 당혹스러운 날들이 계속되었다.

비판의 핵심 요지는 세 가지였다. 첫째는 선거를 6개월 앞두고 소통특보를 임명하는 것은 이시종 지사의 선거용 코드인사라는 것, 또 다른 비판은 시민운동 경력뿐인 사람을 충북도청에 3자리뿐인 2급 고위직에 임명할 수 있느냐는 것, 그리고 셋째는 진보성향의 시민운동가로 살아온 삶 자체에 대한 비판도 있었다. 시민단체 경력뿐인 인사라 독선적이고 보수와 중도를 아우르는 소통을 하지 못할 것이라는 예단에 기초한 문제 지적도 있었다.

그래도 낮은 자세로 비판을 경청하고 진심과 진정성을 가지고 설득하면 될 것이란 기대를 갖고 비판하는 분들을 만나 직접 설득도 해보고, 도청 기자실을 방문하여 기자간담회를 개최하는 등 다양한 방법의 소통 노력을 기울였지만 한번 방향이 굳어진 지역사회의 분위기를 바꾸기는 어렸다고 최종 판단을 하게 되었다.

그 과정에서 25년 시민운동가로 살아온 삶이 한순간에 무너지는 듯한 상황은 생각보다 견디기 어려운 마음의 상처로 남았다. 내가 지역 시민운동가로 살아온 세월이 송두리째 부정당한다는 생각이 들기도 했다. 심지어 대학생 신분으로 충북연구원에서 알바를 하고 있던 딸아이를 향해 시민단체 간부라는 권력을 이용해 취업 특혜 줘서 다른 누군가의 기회를 박탈하였다는 식의 기사를 접하며 언론의 경직된 시선이 무섭다는 생각이 들고, 나 때문에 가족들에게도 부담과 상처를 준 것 같아 미안하기 그지없었다.

2018년 정월 초하루 소통특보를 사임하며 논란은 끝이 났지만 나는 많은 것을 배웠다. 비록 공직사회 혁신을 위해 공직사회 내부로 들어가는 도전은 실패하였지만, 이것이 끝이 아니라는 생각을 하며, 좀 더 낮고 겸손한 자세로 지역민들과 만나 소통하며 시민의 힘으로 지역사회 문제를 해결하는 실질적인 역량을 만들어가겠다고 다짐하였다.

좌절과 실패, 그리고 성찰의 힘

좌절과 실패의 아픔은 사람을 성숙시키는 힘이 있다. 충청북도 최초 전문임기제 고위직 공무원(2급 상당)인 소통특보 직을 내려놓고 휴식과 사색의 시간을 가지면서 내가 걸어왔던 시민운동 25년 삶에 대해 보다 근본적인 회의를 하며 지나온 시간을 곱씹어 보았다. 시민운동가이자 지역사회 혁신가로 살아오면서 청주시와 충북도에 제안했던 수많은 정책들이 용두사미가 되었던 기억, 민과 관이 지역사회 문제 해결을 위해 수평적으로 협력하는 거버넌스 체계를 만들고자 했던 크고 작은 시도들, 매 선거가 끝날 때마다 새롭게 시작되었던 민관 정책협력은 얼마 지나지 않아 형식만 남고 시민은 관의 들러리만 서고 있는 모습들, 이런 한계를 극복하고 새로운 변화를 만들 수 있다는 기대로 시작하려던 소통특보가 지역사회 오랜 관행적 질서의 저항으로 무산되는 과정 등등을 곰곰이 되돌아보았다.

되새김과 성찰을 통해 결국 내가 얻은 결론은, 좋은 엘리트 관료 출신의 민주적이고 선한 정치인이 어디선가 나타나기를 기다리는 수동적인 관점에서 벗어나야겠다는 것이었다. 시민과 일상 속에서 호흡하며 시민의 현장 감수성을 체득한 정치인을 시민사회에서 직접 만들어내야 한다는 것이었다. 청주에서 살아오면 1세대 시민운동가로서 관료 중심 지역 정치의 한계를 극복하고 시민 중심의 소통하고 경청하는 정치인, 시민의 일상적 삶의 문제에서 출발하여 현장에서 해결방법을 찾아가는 공감의 정치를 만들어내는 희망의 정치인, 지역사회 변화와 혁신의 주체로 나서야겠다는 생각이 불쑥 올라왔다.

커다란 충격을 딛고 내면의 변화를 체감한 이후 다시 일상을 시작하였지만, 과거와 같이 당당하게 행동하기 어려운 주변의 시선과 스스로에 대한 자기검열을 극복하는 것이 쉽지 않았다. 그러나 이는 뒤로 물러나서는 해결될 수 없는 문제였다. 문제를 정면으로 직면해서 극복하고 더 당당하고 열정적으로 사회적 기부를 확대하고 시민사회를 성장시키는 공익활동의 성과를 만들어내야 했다. 난관을 뛰어넘어 지역사회 변화를 지원하는 선배 활동가로서의 역할을 확장해 나갔다.

이슈 캠페인과 토론, 비판과 논쟁적인 방식으로 문제에 접근하기보다 사회적 기부문화 확산으로 세상을 바꿀 수 있다는 가능성을 현실화시키는 '변화 설계자이자 모금 전문가'로서의 역할에 충실하였다. 시민사회단체 활동을 돕고 시민운동가를 지원하는 새로운 기부자를 발굴하는 것은 쉬운 일이 아니었다. 그러나 '두려움을 이기는 힘은 간절함'이라는 말을 가슴에 새기고 선한 마음을 가지고 누군가를 도우려는 마음은 있지만 방법을 몰라 고민하는 사람들을 만나고 지역사회 변화를 촉진하는 사회적 기부의 중요성을 공감하게 하는 노력을 게을리 하지 않았다. 그렇게 상처가 조금씩 극복되어 갔다

청와대 3년을 통해 배운 것

전화위복 – 청와대 행정관으로 발탁되다

문재인 정부가 출범한 지 1년이 되는 시점을 전후하여 지역사회에서는 BH에 충북 출신이 한 명도 없다는 냉소와 비판적 주장이 표출되면서 중앙 정부에 충북 인재가 고갈되고 있다는 논란이 벌어지고 있었다. 공교롭게도 우리 지역 출신 중 이장섭 선임행정관은 사직하고 충북도 정무부지사로 내려왔고, 유행열 선임행정관은 청주시장 출마를 위해 내려오면서 청와대와 소통하는 창구 역할을 할 인물이 빈약한 상황이었다. 이러한 도민들의 요구에 화답하여 노영민 주중대사, 이시종 충북지사, 도종환 국회의원 등 많은 분이 충북지역 인재의 중앙무대에 진출을 위한 노력을 진행하였다. 전화위복이라고 해야 할까? 이 과정에서 내가 청와대 행정관으로 발탁되어 문재인 대통령을 모시고 국민이 주인이 되는 나라, 정의로운 대한민국을 만드는 일에 일조하는 기회를 얻었다.

청와대로 떠나기 전 평소 존경하던 강태재 충북시민재단 이사장님께서 "많이 배우고 견문을 넓히는 것도 필요하고 중요한 일이지만, 서 있는 위치가 변했다고 세상을 보는 관점과 시각이 변화해서는 안 된다"는 말씀을 주셨다. 자기도 모르는 사이에 진영의 이익과 기득권의 입장을 대변하며 자신이 서 있던 곳을 무시하고 비난하는 사람들을 종종 봐왔다는 말씀이었던 것으로 기억한다.

어느 순간 나도 부지불식간에 그리 변할 수 있다는 경계를 하며 늘 초심을 기억하기 위해 노력해 왔고, 지금 내가 하는 일들이 사회적 약자와 함께하겠다는 신념의 변화를 의미하는 것은 아닌지 끝없이 반문하며 살고 있다.

2018년 11월 1일 청와대로 첫 출근을 하였다. 박근혜 정부의 국정농단이 드러났을 때 '이게 나라냐'는 외침에 공감하며 시민사회의 일원으로 적폐 청산과 기본이 바로 선 대한민국을 위해 문재인 후보가 대통령이 되어야 한다는 신념으로 지지하고 응원했다. 하지만 내가 민주당 당원도 아니고 선대위에 참여하지도 않았기에 대통령의 비서실에서 일할 수 있을 것이란 생각은 한 번도 해보지 않았다. 그래서일까? 더 설레고 부담스러운 마음으로 첫 출근을 하던 날이 지금도 생생하게 떠오른다. 거의 뜬눈으로 밤을 지새우고 첫 새벽에 한 번도 들어가 보지 않은 청와대로 향하는 마음은 비장함, 두려움, 설레임이 교차했던 것 같다.

서 있는 위치가 바뀌면 풍경도 달라진다

첫 출근 부서는 청와대 시민사회수석실에 소속된 사회조정비서관실이었다. 이곳은 노동, 인권, 과거사 등 다양한 사회적 갈등을 조정하여 국민통합에 기여하는 것이 주요 업무였다. 그중에서 나는 주로 노동 관련 갈등관리 업무를 담당했다. 파업과 해고, 산재사고 등 갈등이 장기화 되고 첨예하게 대립하고 있는 사안을 관리, 조정, 해결하는 일이었다.

시민운동을 하면서 노동운동 그룹과는 가깝고도 먼 이웃이었기에 한편의 자신감과 다른 한편의 낭패감이 공존했다. 철학과 가치, 정책적 정서적 측면에서 보면 이해 당사자, 특히 노동조합과는 대화가 잘 통할 것이란 기대감도 있었다.

그러나 내가 간과한 것은 시민운동가 송재봉에서 문재인 정부의 정무직 공무원으로 내가 서 있는 위치가 변했다는 점이다. '서 있는 위치가 바뀌면 바라보이는 풍경도 달라진다'는 말과 같이 노동조합의 이해를 대변하고 그들의 주장을 동조하고 지지하는 역할에서 정부의 수용성과 노조의 주장 사이의 접점을 찾는 일을 한다는 것은 경험상 쉽지 않은 과정이었다.

잡월드 비규정직의 정규직을 요구하는 청와대 주변 노숙 농성을 비롯해서 전교조 합법화, 해직공무원 복직, 콜트콜택, 유성기업 등 크고 작은 갈등 현장이 매일 생겨나는 상황은 초보 행정관이 감당하기엔 참으로 큰 부담이었다.

문재인 정부에 대한 높은 기대가 조금씩 실망감으로 전환되는 시점이라 파업 노동자들의 목소리는 거칠고 비타협적이란 느낌도 들었다. 노동자들의 절박한 외침과 정부의 현실적 수용성 사이에서 이러지도 저러지도 못한 채 현장의 목소리를 들어야 하는 고통스러운 긴 시간을 보내야 했다.

우리 사회 갈등의 접점에 있는 정부 관료와 노조 사이에는 신뢰도가 너무나 낮았다. 기업주와 관료들은 노조에 대해 하나를 주면 열을 달라고 하는 이기적 집단이란 인식이 팽배했고, 노조에서는 관료들에 대해 노동자 등 사회적 약자보다 기득권의 목소리를 더 크게 듣고 이들을 위해 일한다는 확신에 차 있기에 정부, 기업, 노조 사이에는 건너기 어려운 거대한 강물이 흐르고 있는 것 같았다.

이러한 상황에서 공공성을 확장하면서 노사, 노정, 노노 갈등을 관리하고 조정하는 일은 지난한 인내의 과정을 거쳐야 했다. 누군가의 이야기를 진심을 다해 들어 주는 것으로 시작하는데, 정성스러운 경청 태도가 갈등 완화와 대화를 시작하는데 큰 도움이 된다는 사실을 몇몇 사업장의 문제 해결 과정에서 경험했다.

장기간의 극단적 갈등 과정에서 노사 간 쌓인 감정의 상처와 앙금이 너무도 큰 상태라 타협을 위한 더 긴 시간이 필요한 경우도 많았다. 하지만 그럴수록 '이 세상에 해결 불가능하거나 답이 없는 문제는 없다. 결국은 답을 찾아낼 수 있다'는 믿음을 가지고 이해 당사자와 논의를 지속하다 보면 누군가는 해결 가능한 답을 찾아낸다는 사실을 배웠다.

사회조정비서관실에서 경험한 8개월은 지금까지 살아온 내 삶을 돌아보는 소중한 기회가 되었다. 시민운동 할 때와 전혀 다른 입장에서 사회의 갈등 현안에 대처하며 그동안 내 생각이 좁았고, 단편적인 생각으로 사회를 보려 했다는 성찰도 많이 했다.

내가 알고 경험한 것이 모두 옳다는 확신이 위험할 수도 있겠다는 생각, 내 주장이 객관적이지 못한 부분이 있을 수 있고, 누군가를 설득하는 논리가 빈약할 수 있다는 것을 현장에서 민원을 접하는 과정을 통해 깨우치며 역지사지하는 마음이 생겨났다. 자기 확신이 지나치면 사적 경험에 기초한 주관적 생각이 마치 객관적이고 정의로운 것으로 포장될 수 있다는 걸 체험으로 배우며 조금 더 넓어진 시야를 얻게 되었다.

아울러 갈등이 완화되거나 해소되는 것은 문제를 해결하는 것만으로 되지 않고, 이슈 그 자체가 아니라 이슈를 대하는 태도가 더 중요할 수도 있다는 생각이 들었다. 정치적으로 힘이 있고 정책 결정 권한을 가지고 있는 사람들이 얼마나 진정성을 가지고 상대의 입장을 이해하려는 태도로 공감적 경청을 하는지가 더 중요하다는 것을 가르쳐준 경험이었다. 갈등이 없는 세상을 상상하기보다는 갈등 속에 공존의 지혜를 배우는 것이 더 중요하다는 생각을 하게 되었다.

아침 밥상을 바라보며
고개 숙입니다
출근길, 청소차에 매달려가는 분을 바라보며

가만히 고개 숙입니다
이주노동자의 잘린 손을 바라보며
울며 고개 숙입니다

— 최석정 「경건」 부분

지역 혁신의 현장에서

2019년 8월, 정부혁신과 사회혁신, 민원 제도를 담당하는 제도개혁비서관실에서 일하게 되었다. 시장가격으로 측정할 수는 없지만, 우리 사회는 지역사회를 위해 지속 가능한 다양한 주제들, 함께 해결해야 할 다양한 사회문제를 안고 있다. 이러한 사회문제를 지역사회 시민들이 새로운 관점과 방법으로 주도해서 주민이 문제를 해결해 내는 활동의 과정과 결과를 사회혁신이라 한다.

지역민들의 충족되지 못한 사회적 요구를 충족시키는 것은 지역의 미래를 생각하는 지역혁신가와 지방정부의 중요한 과제이자 화두가 되고 있다. 그러나 여전히 지역사회는 새로운 발상과 시도에 기초해서 변화를 수용하는 것에 익숙하지 않다. 견고한 기득권 질서가 있고 이를 보호하는 정치과정이 있기에 고도의 정치·경제적 투쟁과 타협, 설득의 과정이 필요하다.

가만히 있어서는 어떠한 변화도 생기지 않으며, 누군가가 대신해 줄 것이란 기대는 버려야 한다. 지방정부가 시민의 역동적 활동을 지지 지원하고 일하는 방식을 혁신하는 등 지역사회 변화와 혁신의 주체가 되어야 한다. 미래를 보지 않고 눈앞의 현실만 보면서 서로 자신이 옳다는 주장만 반복하는 풍토에서는 새로움을 기대하기 어렵다.

미래를 준비하는 사람이라면 문제를 지적하는 역할, 중앙을 향해 요구하는 역할에만 머물러서는 안 된다. 문제를 진단하고 정의하는 역할, 문제를 해결하기 위해 필요한 자원을 동원하고 연결하는 역할, 내가 살아온 삶터의 정체성을 지키면서도 지역주의에 고착되지 않고, 지역을 넘어서서 전국과 세계와 협력하는 개방적이고 열린 자세가 필요한 시대이다.

혁신은 자기 부정의 과정이기도 하다. 내가 지금까지 해온 일을 뒤집어 새롭게 접근할 수 있어야 하기 때문이다. 그래서 저항이 따르고, 처음 한 발 전진한 것 같아도 시간이 지나면 원래의 자리로 되돌아오는 경로의존성이 나타난다. 변화의 필요성에 대한 공감이 부족하면 아무리 혁신하려는 리더의 의지가 있어도 거부감이 생기고 태업으로 시간 끌기 전략 등 저강도 저항이 시작되기 때문이다.

관료사회는 기존에 해오던 일을 계속 잘하는 것은 쉬워도, 하지 않던 새로운 접근이 필요한 일, 법과 제도로 규정되지 않은 일을 추진하는 것을 힘들어할 수밖에 없다. 관료적 전문성과 책임성은 법과 규정의 틀 내에서 역량을 발휘할 수 있도록 설계되어 있어서 이러한 틀 속에서 장기간 일을 하다 보면 기존 질서대로 관행적으로 일을 하려는 보수적인 관료문화가 뿌리 깊게 자리 잡을 수밖에 없을 것이란 생각도 들었다. 공직사회 내 자발적인 혁신이 어려운 것도 그런 까닭이다. 그래서 새롭고 혁신적인 사고와 행동을 해왔던 민간의 리더십에 기초한 자발성, 전문성, 비규칙성 등 새로운 문화가 관료적 전문성과 결합되어야 지방행정의 혁신이 가능할 것이라고 생각한다.

조금 느리더라도 일하는 사람들이 서로 공감하여 방향과 목표를 정하고 상호신뢰를 형성하는 방식이라야 자발성과 능동성을 기반으로 함께 일하는 분위기 속에서 구체적인 성과도 만들고 보람도 느낄 수 있다. 국민이 신뢰할 수 있는 국가가 되기 위해서는 공공성의 가치와 국민의 신뢰를 배신하지 않겠다는 진정성을 가지고 헌신하는 정치 리더의 존재가 매우 필요하고 중요하다. 위기가 닥칠수록 이를 관리 통제할 역량을 가진 컨트롤 타워 기능이 제대로 작동해야 국민의 생명과 안전을 지킬 수 있다는 점을 코로나19 극복 과정을 통해 제대로 배울 수 있었다.

짧은 기간이었지만 내가 경험하고 함께 일하며 느껴본 문재인 정부는 국민의 힘을 신뢰하면서 국민이 주도가 되는 정부혁신과 지역혁신을 쉬지 않고 전진시키기 위해 노력해 왔다고 자부한다. 정부가 먼저 혁신하려는 자세가 있었기에 중앙행정 내부와 전국 지자체 곳곳에 민관 협력으로 만들어지는 혁신사례와 현장이 생겨나고, 주민 삶을 바꾸는 다양한 성공사례들을 만들 수 있었다.

지역주민이 주제가 되어 지역 의제를 발굴하고, 문제 해결을 위한 민간 공공 지자체 행안부의 수평적 협력체계를 구축하는 '지역문제 해결플랫폼' 구축 사업을 포함, 서울혁신파크 모델의 지역화 버전인 '소통협력공간' 사업, 장기저리 금융지원을 통한 '지역자산화' 지원 등 지역사회 혁신을 위한 혁신공간 조성, 협치 거버넌스 구축, 다양한 평가체계 등 인적·물적·제도적 기반 마련을 위한 종합적인 발전전략을 마련한 것도 보람 있는 소중한 경험이었다.

지역사회 혁신의 주체는 '지역 자신'이라는 점이 중요하다. 중앙정부가 아무리 지역사회 혁신의 마중물 역할을 하고 지원체계를 만들어도 혁신의 당사자인 지자체와 지역 시민사회가 협력하지 않으면 실질적인 성과를 만들 수 없고 혁신 생태계가 조성되기 어렵다.

그런 점에서 청주시는 사회적 경제 분야의 성장 지원체계가 부족하고, 새롭게 부상하는 민간의 자발성에 기초한 지역문제 해결을 지원하는 지자체의 민관 협력적 태도, 지역사회 혁신 역량 강화와 지원, 사회적 경제 순환 체계 등 지역경제 혁신 모든 분야에서 타 지자체보다 관심이 낮아 안타까운 마음이 들었다.

지자체 혁신과 관련해서 행안부 주민복지서비스 개편추진단에서는 전국 지자체와 협력해서 주민자치위원회를 '주민자치회'로 전환하는 사업을 추진하여 전국 700여 개 이상 읍·면·동으로 확산되었다.

그러나 지난 시기 지방자치 혁신의 선도적 역할을 담당했던 청주시는 단 한 곳도 주민자치회로 전환하는 시범사업을 추진하지 못하는 모습을 안타까운 마음으로 지켜보았다. 주민참여 범위 확대와 주민총회 개최, 주민참여예산제 도입으로 주민의 자치역량을 키우고, 주민 스스로 읍·면·동의 발전계획을 수립하는 등 다양한 풀뿌리 자치 혁신모델을 만들어가는 타지역 모습이 부럽게 느껴졌다.

지역혁신의 현장을 돌아다니며 나는 청주의 새로운 변화를 갈망하게 되었다. 시민이 지역문제 해결의 주체가 되는 성공의 경험을 통해 도시의 회복력과 시민력이 성장하고 시민이 주인이 되어 도시의 난제를 해결하는 시민자치 경영도시를 만들어가는 상상을 해 본다. 민간의 전문성과 현장성, 자발성에 기초한 시민 스스로 해결단, 도시문제 발굴단, 시민 과학자 등 지역혁신가(로컬 크리에이터)들이 지역문제 해결의 중심적 역할을 하며 정책을 발굴·제안하고, 행정은 시민의 상상과 꿈을 현실로 만드는 든든한 조력자가 되는 도시로의 명예로운 전환을 생각하면 저절로 즐거워지고 희망의 기운이 샘솟는다.

제2장

등불을 밝혀 **어둠을** 조금 **내몰고**

산모퉁이를 돌아 논가 외딴 우물을 홀로 찾아가선
가만히 들여다봅니다.

우물 속에는 달이 밝고 구름이 흐르고 하늘이 펼치고 파아란 바람이 불고 가을이 있습니다.

그리고 한 사나이가 있습니다.
어쩐지 그 사나이가 미워져 돌아갑니다.

돌아가다 생각하니 그 사나이가 가엾어집니다.
도로 가 들여다보니 사나이는 그대로 있습니다.

다시 그 사나이가 미워져 돌아갑니다.
돌아가다 생각하니 그 사나이가 그리워집니다.

우물 속에는 달이 밝고 구름이 흐르고 하늘이 펼치고 파아란 바람이 불고 가을이 있고 추억처럼 사나이가 있습니다.

— 윤동주 「자화상」 전문

도시 상징과 **정체성**

사라져 버린 청주의 상징

1993년 충북시민회 활동을 시작하며 내가 주로 머물고 활동한 공간은 사직동과 운천동, 그리고 무심천 건너 우암동과 북문로, 성안길이었다. 2000년 초부터 무심천변 사직동 용화사 뒤 오래된 아파트에 살았는데, 이때부터 2018년 서울 청와대로 올라갈 때까지 매일 사직동에서 운천동까지 무심천을 따라 걸어 다녔다.

청주 사람들에게 무심천은 어릴 적 물장구치던 추억이 어려 있는 장소이자 거의 모든 학교 교가에 들어 있는, 그야말로 청주의 상징 중의 상징이었다. 어떻게 보면 청주가 지금처럼 확대되기 전에는 무심천을 중심으로 모여 살면서 도시의 문화와 정체성을 형성한 도시였다고 볼 수 있다. 옛 청주의 중심이었던 청주읍성도 무심천 변에 있었고, 철당간도 무심천과 연관되어 만든 것이었고, 청주의 유일한 돌다리 남석교가 놓인 곳도 무심천이었다. 무심천은 청주 사람들과 함께 살아온, 청주에서 살아가는 사람들에게 '특별한 그 무엇'이었다.

7~80년대만 해도 서울이나 외지에 나가 청주에서 왔다고 하면 청주 진입로 가로수길이 아름답고 인상적이었다는 말을 하는 사람이 많았다. 강내 나가는 신작로 가에 심은 플라타너스들이 늘어서서 장관을 이룬 가로수길, 1971년 월곡 강촌에 경부고속도로 나들목이 들어선 이후 공단 입구까지 뻗어있던 가로수길은 청주를 찾는 사람들에게 계절별로 색다른 아름다움을 선사하며 강렬한 인상을 주던 길이었다.

시원하게 쭉 뻗은 직선도로부터, 구불구불하게 휘어지며 궁금증과 호기심을 자극하는 구간도 있고, 적절한 경사와 언덕, 고개까지 있어 아름다운 길의 모든 요소를 갖추었다고 평가될 정도로 환상적이었고, 그만큼 도시에 대한 좋은 이미지를 심어주었던 청주의 상징이었다.

도시가 서쪽으로 확장하면서 아름답던 가로수길은 조금씩 조금씩 줄어들거나 잘려 나가고, 2000년대 초 6차선 도로로 확장되면서 아름다움을 뽐내던 그 멋진 풍경을 잃어버리고, 어느 도시에서나 볼 수 있는 평범한 길로 변해 버렸다. 그때 시민사회를 중심으로 가로수길 보존 노력을 다양하게 전개했으나 원형을 보존하는 데 실패했다.

90년대에는 역사문화의 도시 청주를 대표하는 '직지'가 떠올랐다. 1984년 운천 신봉동 지역 택지개발이 진행되는 과정에서 현존 세계에서 가장 오래된 금속활자본을 인쇄한 흥덕사지가 발견되었다. 여기서 출토된 금구(禁口) 조각과 청동불발(靑銅佛鉢) 뚜껑에 '興德寺'라고 선명하게 새겨진 글씨가 발견되어, 이 절터가 직지를 발행한 흥덕사지임을 확인하게 되었다.

1986년 5월 흥덕사지가 사적 제315호로 지정되었고, 1992년 3월 청주 고인쇄 박물관이 개관하였다. 그러나 『직지』가 청주 사람들의 일상 속으로 들어오게 된 계기는 1997년부터 전개한 민간의 직지 찾기 운동이었다. 민간이 중심이 되어 직지 홍보단, 세계화 추진 기획단, 직지 포럼의 활동은 2001년 9월에 『직지』를 유네스코 세계문화유산에 등재시켰고, 청주시도 매년 직지축제를 개최하여 직지를 홍보하여 왔다. 이러한 민간의 노력은 청주시민들의 자긍심을 높였고, 시민들의 참여와 운동을 통한 문화운동 활성화는 청주시가 역사 문화도시라는 인식을 갖게 했다.

그러나 지역 출판문화산업이 빈약하고, 다양한 문화 컨텐츠 산업에 대한 관심 부족으로 인류 지식정보의 요람이라는 청주의 이미지를 더이상 높이지 못하고 있는 상황이다.

도시의 상징, 삶의 질과 도시의 브랜드 가치를 높인다

관방 유적은 또 어떤가? 정북동토성, 부모산성, 상당산성 그리고 것대산봉수는 청주의 역사성을 잘 드러내 줄 뿐 아니라 시민시민들이 즐겨 찾는 명소로 꼽힌다.

그러나 '청주' 하면 떠오르는 특별한 그 무엇이 없다는 느낌이다. 특히 2014년 통합 청주시가 출범하면서 넓은 청원군 지역이 청주시에 편입되었고, 그때 세계 3대 광천수 초정약수, 대청호와 청남대, 미원 옥화구경 등이 청주시로 들어왔다. 문화콘텐츠와 자산은 더 풍부해졌으나 통합 청주시의 정체성을 세우고 청주의 상징을 만들려는 노력은 부족했던 것 같다. 갑자기 도시 영역이 4배 가까이 커지고, 4개의 구로 분구도 되다 보니, 전체 청주 사람들의 마음에 들어 있는 도시의 상징은 더 희미해진 느낌이다.

다음은 청주시에서 펴낸 『청주에 반하다 - 청주의 자랑 100가지』에 나와 있는 청주를 대표하는 역사성과 자연경관을 갖춘 장소이다. 이곳 중에서 '바로 여기야' 하는 곳이 있는가? 몇 개 눈길이 가긴 하나, '바로 이거야!' 하기에는 뭔가 부족함이 있어 보인다.

까치내, 부모산성, 양성산(성), 오송 돌다리 저수지(연제발), 옥화구경 달천 협곡지역, 우암산, 작은용굴, 장암동 방죽, 좌구산, 청석굴, 초정약수, 한남금북정맥, 영조 태실, 오송 봉산리 옹기 가마터, 저산성과 단군전, 정북동 토성, 청녕각, 청주향교, 최명길 묘소와 신도비, 충렬사, 표충사, 대청댐, 성공회 성당, 옛 연초제조창, 오송생명과학단지, 제일교회, 청남대, 청주국제공항, 충북도청 본관, 탑동양관, 계산리 오층석탑, 모충동 석조비로자나불좌상, 보살사, 비중리 석조삼존불좌상, 안심사, 용두사지 철당간, 용화사 석조불상군, 정하동 마애비로자나불좌상, 탑동 삼층석탑, 현암사, 흥덕사지(청주고인쇄박물관), 기호리 상수리나무, 금강 본류 쉬리 서식지, 금관숲, 무심천, 무심천 중상류 생태보고, 미호천 팔결교 미호종개 발견지, 미호철교 밑 미호천 모래사장, 백족산 삼지송, 송절동 백로서식지, 압각수, 오송 음나무 모과나무, 원흥이방죽 두꺼비생태공원, 은행리 은행나무, 플라타너스 가로수길, 화장사 가침박달나무군락, 남주동 한복 거리, 낭성 전하울 마을, 미호평야, 벌랏한지마을, 산성고개, 성안길, 수암골, 우암산 순환도로, 육거리시장, 중앙동 차없는 거리, 평동떡마을, 피반령, 현도장승마을, 것대산 봉수, 과필헌 고가, 남석교, 단재 신채호 사당 및 묘소, 묵정영당과 백석정, 문의향교, 상당산성, 소로리유적, 소이산 봉수대, 손병희 생가, 신봉동 고분군(청주백제유물전시관), 신항서원, 국립청주박물관, 마동창작마을, 명암동유원지와 청주랜드, 문암생태공원, 문의 문화재단지, 미동산수목원, 삼일공원, 상당공원, 상수허브랜드, 오창호수공원, 옥화자연휴양림, 운보의 집, 중앙공원, 청주 솔밭공원, 청주 예술의 전당, 충청북도지사 구 관사 충북문화관, 한국공예관, 내덕동 주교좌성당

    도시들의 상징과 정체성은 주민들의 마음을 모으고 자긍심을 갖게 하는 데 필요하고, 도시를 대외적으로 알리는 데도 중요한 역할을 한다. 예를 들면 수원 하면 화성, 경주 하면 불국사, 진주 하면 진주성, 강릉 하면 경포대와 오죽헌이 떠오른다.
    청주와 규모가 비슷한 전주시의 경우 뚜렷한 도시 상징이 없었지만 최근 전주한옥마을과 비빔밥을 상징화하여 많은 사람의 뇌리에 도시이미지가 각인되었고, 도시의 새로운 상징과 자부심으로 자리매김하였다. 전주시 사례를 통해 도시 정책과 시민들 노력을 통해 도

시 상징을 시대에 맞게 새롭게 만들어갈 수 있다는 것을 확인할 수 있다.

청주시도 우리 정체성에 적합한 도시 상징(브랜드)을 만드는 것이 필요하다는 생각이다. 예를 들면 1997년 청주시민과 충북도민들이 뽑은 그해 10대 뉴스 톱에 오른 것이 '무심천 살리기 운동'이다. 무심천 살리기 운동은 당시 콘크리트로 뒤덮여 있던 무심천을 안타깝게 여긴 청주 지역 시민·환경단체가 중심이 되어, 자연형 하천으로 복원하기 위해 전개한 시민 중심 환경운동이었다. 문제의식을 바탕으로 열정과 열의로 무심천 살리기 운동을 전개한 결과 무심천에 대한 시민들 관심이 높아졌고, 청주시는 도심하천을 복원하여 자연을 시민들에게 돌려준 모범적인 도시가 될 수 있었다.

그때도 청주시는 도심하천을 근본적으로 복원하려는 정책 전환을 하지 않고, 무심천에 콘크리트 구조물을 더이상 놓지 않겠다는 수동적 태도를 보였다. 몇 년 후, 서울시는 콘크리트로 덮여 있던 청계천을 복원하여 전 국민의 관심을 받았고, 도심하천 정책의 새로운 전환이 되는 계기를 만들었다.

청주시가 좀더 적극적이고 능동적 개선 의지를 보였다면 청주의 상징이었던 무심천 살리기를 통해 청주시가 친환경 도시로의 발판을 마련하는 기회가 될 수 있었는데, 모범적 시민운동을 전개하고도 자치단체장과 정책당국자의 소극적인 태도로 인해 성과와 상징을 서울시에 넘겨주고 말았다.

아쉬움이 크게 남는다. 그때 만약 무심천을 제대로 복원하였다면 전국의 많은 사람들에게 청정한 청주에 대한 이미지를 심어주었을 테고, 청주시민들에게는 사랑하는 무심천 복원을 시민의 문제의식과 열정의 힘으로 새롭게 개선했다는 무한한 자긍심을 느낄 수 있게 했을 것이다.

  무심천을 걸을 때마다 도시의 하천정책과 도시 상징에 대해 많은 생각을 한다. 2006년인가, 청주 장기발전계획을 세우며 2017년 무심천 하상도로를 걷어내고 자연형 하천을 복원한다는 무심천종합계획을 합의하고 수립하였는데, 지금 그것을 기억하는 사람이 몇이나 될까? 어찌 되었을까? 하상도로를 정말 철거했을까? 일부만 복원한 상태로 지금도 차량 행렬이 줄을 잇는 도로의 모습을 벗지 못하고 있다.

청주 무심천 하상도로 '어찌할까'
〈충청리뷰〉 경철수 기자, 2010.08.31.

청주시의 녹색수도 실천의지가 의심받고 있다. 이는 지난 19일 오후 청주시청 대회의실에서 열린 '주말 (무심천)하상도로 활용방안에 대한 시민토론회' 이후 흘러나오고 있다. 주말 무심천 하상도로를 통제하고 시민들이 마음껏 활보하며 자전거를 탈 수 있는 공간으로 되돌려 주자는 시민 공청회야 얼마든지 열 수 있다. 문제는 지난 15년 동안 무심천 생태하천 복원을 위한 대책위를 꾸려온 시민단체를 제외하고 일부 시민사회단체만 초청하면서 논란이 되고 있다.

더욱이 무심천 하상구조물은 지난 2005년 8월 민선3기 한대수 청주시장 시절에 무심천종합계획에 따라 이미 하상구조물을 단계적으로 철거하고 자연형 하천으로 복원하기로 사회적 합의에 이른 상황에서 논의 대상이 부적절했다는 것이다. 이 같은 말이 나오는 것은 주말 무심천 하상도로 차량 통제를 논의하는 자리에서 일부 유관단체가 무심동로 확장 등 대체도로가 확보되기 이전에 교통수요를 감안할 경우 불가하다는 반대 입장을 내 놓았기 때문이다.

하상도로 철거 당초 계획대로 추진

이는 지난 10여 년 동안 시민사회단체의 노력으로 무심천을 자연형 하천으로 복원하려던 당초 계획마저 수포로 돌아갈 것 같은 위기의식을 느끼게 했다는 것이다. 일각에서는 시가 무심천종합계획에 따라 무심천 하상도로 철거를 위한 무심동로 입체화 도로 설치 및 확장계획을 추진하다가 비용문제와 교육청 등의 반대에 부딪혀 현실화 시키지 못하자 이 같은 토론회를 열었다는 것이다.

속내는 지역 건설사들과의 이해관계에 따라 무심동로 확장계획을 다시금 끄집어내기 위한 것이었다는 얘기다. 사실 무심천 종합계획에 따르면 청주시는 무심천 하상도로 철거를 위해 내년(오는 2011년)부터 도로이용억제 및 폐쇄를 위한 여론을 형성하고 2016년에는 '제한적으로 이용하도록 조치'하다가 2017년 철거에 들어간 뒤 2021년 남북대체도로, 제3순환도로체계를 완성해 완전한 자연형 하천으로 복원했어야 했다.

하지만 시가 대체도로를 확보하지 못하면서 무심천종합계획은 일부계획의 수정이 불가피한 상황이다. 여기에 자연형 하천 복원을 위해 모니터링 사업을 하고 있는 수질관리과가 아닌 개발논리로 접근하는 도로과가 시민공청회를 하면서 의심을 받는 것이다. 교통여건 개선을 위한 시민공청회였다면 교통과가 시민공청회를 개최했어야 한다는 것이다.

도로 확장보다 대중교통체계 전환

청주시 박재일 건설교통국장은 "환경단체의 제안으로 하상주차장 철거를 위한 과도기적 단계로 주말교통 통제에 대한 시민공청회를 열었을 뿐이다"며 "무심천종합계획은 당초대로 추진할 것이다. 확대해석을 하지 말았으면 한다"고 말했다. 청주충북환경운동연합 염우 사무처장은 "지난 15년 동안 환경단체의 노력으로 하상구조물 철거라는 사회적 합의에 이른 만큼 하상도로는 반드시 철거되어야 한다는 기조에는 변함이 없다"고 밝혔다.

무심천 생태하천 복원을 위한 대책위 김수동 실행위원장은 "무심천 하상도로 철거에 따른 대체도로가 필요하다는 논리는 잘못된 생각이다. 도로 다이어트를 통해 자전거 도로를 확충하고 도심 자전거 이용을 활성화 하고 간선버스를 늘려 대중교통 이용을 활성화 시키면 굳이 도심구간에 도로를 확장하지 않아도 병목현상은 걱정하지 않아도 된다. 더욱이 시는 대체우회도로가 잘 갖춰져 있다. 대중교통체계로의 전환부터 이뤄져야 한다. 녹색 수도를 지향하는 청주시의 녹색교통에 대한 안목이 아쉽다"고 말했다.

(출처 : http://www.ccreview.co.kr)
- https://www.ccreview.co.kr/news/articleView.html?idxno=68085

맑은 고을 청주淸州의 바람

'맑은 고을' 청주에 대한 이미지

　무심천을 따라 걷노라면 웅장한 우암산 자락 뒤로 상당산성과 것대산, 선도산 등 한남금북정맥 산줄기가 한눈에 보인다. 무심천에 벚꽃이 활짝 핀 봄날이나, 곱게 단풍 들어가는 가을날 이곳을 바라보면 누구나 아름답고 푸근한 정경에 젖어들게 된다. 푸른 하늘 아래 상당산성을 둘러싼 아름다운 구름의 모습[上黨歸雲]을 서원팔경 중 제일로 치는 것을 보면 청주를 바라보는 눈은 예나 지금이나 다르지 않은 것 같다.
　'맑은 고을'이라는 말에서 풍기는 느낌 때문일까. 얼마 전까지만 해도 청주의 이미지는 맑음, 청정, 쾌적, 인심, 청풍명월 같은 좋은 단어를 연상시켰다. 청주 진입로에 있었던 녹색의 가로수길을 통과할 때는 청량감과 푸근함을 느끼며 저 가로수 터널을 지나면 녹색의 별천지가 있을 것 같은 기대감을 갖기도 했다. 그만큼 진입로에 있었던 아름다운 가로수 터널이 맑고 푸른 청주의 이미지를 만들었다.

청주는 맑은 고을이다. 자연환경이나 사람들의 인심이나 나아가 도시의 상징이나 이미지를 만들어 갈 때 '맑은 도시'를 지향하는 것은 도시 이름이 청주 사람들에게 부여한 숙명이 아닐까?

맑은 청주에서 소각장 도시로

현재 청주의 도시 이미지는 어떨까. 2020년 8월에 청주시가 만 13세 이상 1,524가구를 대상으로 시행한 '2020년 청주시 사회조사' 결과에 따르면 청주는 첨단산업도시도, 경관 및 디자인이 아름다운 도시도, 친환경 도시도, 약자를 배려하는 도시도 아니었다. 거의 모든 부문에서 긍정적인 평가보다 부정적인 평가가 2배 이상 높았다. 전 연령대에서, 특히 학력이 높을수록 '부정적인 이미지'가 강했다.(https://www.cctimes.kr/news/articleView.html?idxno=648490)

거기다 최근에 청주와 관련되어 터진 고유정·이춘재 같은 사건이나, 크림빵 뺑소니, 19년 축사 노예 만득이, 기타 대형 범죄 사건이 터져 청주시의 도시 이미지는 직지, 교육, 청풍명월이라는 긍정적 이미지를 밀어내고 '범죄도시'라는 부정적인 이미지가 커졌다는 우려도 늘어나고 있다.

청풍명월이라는 맑은 도시 이미지도 전국 사업장 폐기물 소각시설 18% 밀집, 초미세먼지 '나쁨 일수' 최다 기록(102일) 등으로 맑은 바람과 밝은 달빛을 찾아볼 수 없는 도시, 시민의 건강권이 위협받는 소각장 도시라는 이미지가 빠르게 확산되어, 맑은 고을이라는 도시의 이미지가 완전히 사라질 위기에 처해 있다.(박성진 「청주 도시 이미지 유감」, 〈중부매일〉 2019년 12월 19일)

어쩌다 전국 발암물질 발생 1위 도시로

맑은 도시 청주의 정체성을 잃고 이렇게 대기환경이 안 좋은 도시라는 오명을 쓴 것은 언제부터일까?

청주는 서북쪽에서 동남쪽으로 서북풍이 부는 지역인데, 청주 서북쪽에 공단이 조성되어 굴뚝에서 배출한 연기나 가스가 상당산성 등 한남금북정맥 높은 산줄기 때문에 바람이 막혀 시내에 오염물질이 쌓여 공기가 안 좋다고 오래전부터 우려하며 이야기하는 사람들이 있었다.

그러다 1997년 IMF 경제위기를 겪고, 2000년대 초 지방분권이 전국적으로 확산되며 지방자치단체들이 지역 경제를 활성화한다는 명목으로 공단 조성과 기업 유치에 열을 내기 시작했다. '기업하기 좋은 도시'라는 광고판을 곳곳에 붙여놓고 기업 유치에 열을 올렸다. 속된 말로 입지 여건이나 환경 같은 것은 깊이 따져보지 않고 돈 될 만한 산업을 유치하는 데 경쟁적이었다.

이 무렵 청주에도 오창산단과 오송 보건의료 과학단지가 조성되었다. 너무 급한 정책 추진의 부메랑이랄까. 2012년 청주시민들을 충격에 빠뜨린 사건이 발생했다. 2010년 어렵게 유치한 오창 오송

국가사업단지의 발암물질 배출이 전국 최고라는 뉴스가 터졌다.

환경부 조사에 따르면, 발암물질로 분류되는 불산과 디클로메탄을 청주 공단이 300여 톤 배출하는데, 오창산단은 디클로메탄을 무려 2600 톤 배출하고 있다는 것이다. 전국 발암물질의 배출량의 30%를 오창에서 배출한다는 조사 결과였다.

뿐만 아니라 이렇게 배출된 발암물질이 한곳에 머물지 않고, 북서풍이 부는 겨울에 청주의 도심을 향하고, 바람에 의한 화학물질 이동 거리도 4~5km에 달한다는 전문가의 보고는 오창 지역은 물론 청주

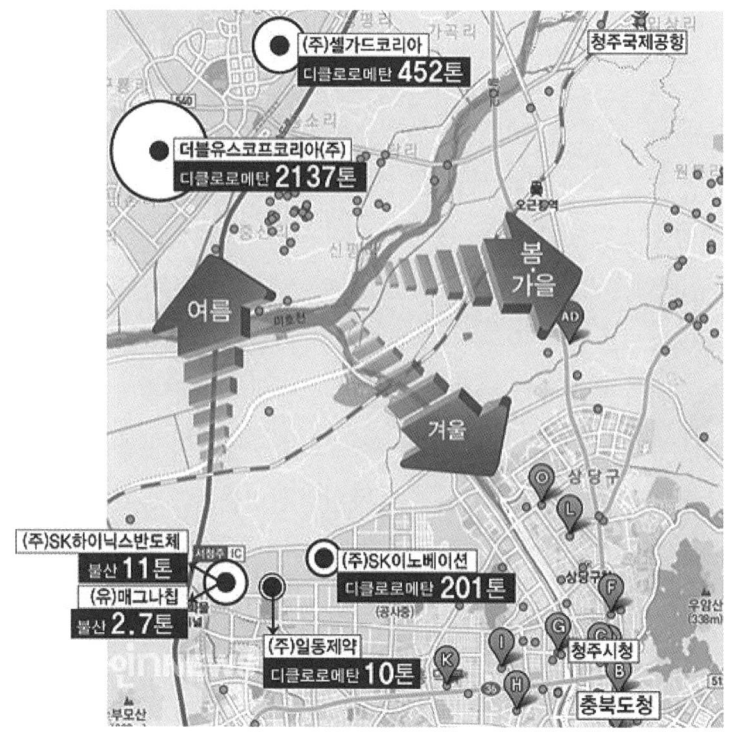

시내가 발암물질의 간접 영향권에 든다는 내용이었다.

2016년 발표된 자료에서도 발암물질 배출 6년 누적 지자체 1위는 충북 청원군, 바로 청주시였고, 2018년 발표 자료에서도 충북이 발암물질 배출량 전국 1-2위라는 불명예를 안고 있다. 더는 청주가 맑은 도시, 시민의 건강권과 삶의 질이 높은 도시가 아님을 보여주었고, 이러한 상황을 개선하지 않으면 청주라는 도시의 이미지는 갈수록 나빠진다는 것이다.

전국 최다 소각장 도시라는 불명예

대부분의 포털 사이트에 '청주 소각장'이라고 입력하면 첫 페이지에 나오는 것이 '폐암 사망만 31명 - 청주 북이면 소각시설 관련 건강 영향 재조사'라는 내용이 먼저 올라온다.

지난해 환경부가 소각장이 밀집된 북이면 지역의 주민건강환경조사(역학조사)를 전국에서 최초로 실시했다. 그런데 지난 5월 조사 결과 '소각시설 배출 유해물질과 주민들의 암 발생 역학 관련성을 입증할 만한 과학적 근거가 제한적'이라는 발표에 주민들이 반발하며 재조사를 요구한 것이다. 최근 청주시 제일의 환경문제는 소각장이었고, 해결책을 찾지 못하고 지금도 여전히 몸살을 앓고 있다.

청주시 청원구 북이면에 소각장이 들어서기 시작한 것은 대략 2010년 전후이다. 지금 국회의원과 자치단체장들은 서로 상대 당이

지역	재가 암환자 수(명)		지역인구 대비 재가 암환자 비율(%)		5년간 늘어난 비율(%)
	2014	2018	2014	2018	
북이면	12	45	0.21	0.83	4.00
미원면	26	28	0.47	0.52	1.11
낭성면	20	12	0.83	0.51	0.61
가덕면	17	20	0.38	0.47	1.22
문의면	35	18	0.74	0.41	0.56
남일면	29	24	0.37	0.32	0.86
현도면	7	9	0.18	0.25	1.41
내수읍	34	49	0.15	0.23	1.51
남이면	15	15	0.20	0.14	0.71
오창읍	31	37	0.06	0.05	0.88

청주시 10개 읍면 암환자 현황. ©청주시의회 박완희 의원.

허가해주어 이렇게 되었다고 자기 당에는 책임이 없다고 이야기하지만, 돌이켜보면 양쪽 당 모두 청주시 대기환경과 소각장 관리, 주민 건강권 보존에 대한 책임을 면하기 어렵다.

청주시의회 박미자 의원은 '청주시는 전국 폐기물의 18%가 청주에서 소각되고 있으며, 업자들 사이에 소문이 청주시는 소각장 허가를 내기 쉬운 1위 도시로 꼽히는 오명을 갖고 있다'고 지적했다(2018. 12. 2. 대전일보 기사). 그동안 소각업체 관리와 소송에서 소각업체들에 대한 대응 논리가 부족했다는 지적이 끊이지 않고 있다. 일례로 청주시는 쓰레기 과다 소각으로 인해 논란을 빚은 글렌코(전 진주산업)와 허가 취소처분 행정소송에서 1, 2심 모두 패소했고, 증설 건축 허가를 놓고 벌인 업체와의 소송에서도 1, 2심 모두 패소할 정도로 대응이 부실했기 때문이다.

소각장 문제는 지금도 계속되고 있다. 후기리, 연정리 소각장 신설 문제가 지역의 주요 이슈를 차지하고 있고, 북이면 주민들의 반발과 요구도 계속 높아지고 있다. 나아가 문제가 신속히 해결되지 못하다 보니 오랫동안 함께 대응해온 주민들 사이에 이견이 생겨 '민민 갈등'의 조짐까지 보이고 있다. 청주시민의 삶의 질과 대기환경 개선, 청주를 맑고 푸른 도시로 만들기 위해 소각장 문제는 반드시 극복하고 해결해야 할 가장 중요한 현안이자 '암덩어리'이다.

미세먼지로부터 자유로운 도시를 향하여

코로나19를 겪으며 기후 변화와 미세먼지로 인해 환경문제에 관한 관심도가 대단히 높아졌다. 환경이 안전한 도시에 대한 바람이 커지며 모든 사람들이 기후변화와 미세먼지로부터 자유롭고, 자연환경과 생태가 살아 있는 곳에 살고 싶어 한다. 이런 가운데 지자체별로 탄소중립 도시, 에너지 자립 도시, 미세먼지 없는 도시를 만들기 위해 다양한 정책을 경쟁적으로 개발하고 추진하고 있다.

맑은 도시라는 상징을 잃어버리고 소각장, 발암물질, 대기오염이 심한 도시라는 이미지가 강화되고 있는 청주시. 이대로 간다면 청주가 '살고 싶은 도시'가 아니라, 그 옛날 온산처럼 화학물질 독성물질로 위험한 도시, 사람이 살기 괴로운 도시가 될 수밖에 없다. 환경오

염 문제가 도시를 발전시키는 데 큰 걸림돌이 될 수밖에 없다는 사실을 직시해야 한다는 말이다.

　살기 좋고 살고 싶은 도시를 만들기 위해 청주시도 중요한 결정을 해야 할 기로에 서 있다. 맑은 고을, 대기환경이 깨끗한 청주 만들기는 비단 환경에 국한된 문제가 아니라, 청주 사람들의 쾌적하고 건강한 삶의 질을 보장하고, 청주에 대한 애착과 정체성을 강화하는 사업이다.

　청주를 살고 싶은 도시로 만들어 도시의 경쟁력을 높이고, 인류 공동의 숙제인 기후 위기에 선도적으로 대응해 나가는 멋진 도시로 거듭나게 하는 일이 무엇보다 중요한 과제이다. 철저한 오염원 관리와 함께 시민들에게 정보를 공개하고, 청주의 대기를 맑고 건강하게 만드는 일을 체계적이고 지속적으로 진행해야 할 것이다. 청주의 대기를 맑게 하는 일은 청주를 청주답게 만드는 일로, 청주에서 무엇보다 우선 해야 할 첫 번째 의제이다.

다시 **푸르러**지는 길

2000년 망선루 복원 운동

  청주를 청주답게 만드는 시민사회 운동 중 몇 가지를 꼽는다면, 첫 번째가 청주의 유일한 국보인 용두사지 철당간 보존 운동, 두 번째가 세계 최초의 금속활자본 『직지』를 알리고자 한 직지 찾기 운동, 세 번째가 광복 70주년을 맞아 '오정목', '본정통' 등 일제강점기 유산이 남아 있는 청주 시내 지명을 '방아다리'와 '성안길'로 바꾼 일이다. 아울러 청주의 역사와 관련이 깊은 망선루 복원 운동도 빼놓을 수 없는 중요한 일로 새겨진다.

  내가 대학을 다닐 때, 청주 제일교회를 중심으로 민주화 운동이 활발하게 벌어졌다. 집회가 있을 때 찾아간 제일교회는 일제강점기인 1939년에 지어진 오래된 건물이라 그런지, 육거리 시장통 가까이에서 느낀 고풍스러운 기운이 인상적이었다. 교회 뒤에 교육관으로 사용하는 한옥 건물이 있었는데, 그게 바로 청주의 역사와 함께해온 망선루였다. 처음 본 망선루는 이름은 분명 누각인데, 나무 기둥에 벽을 채워 누각이 아니라 한 채 낡은 한옥 건물로 보여 어딘지 모르게 장소와 어울리지 않는 건물이었다. 나중에 망선루가 거기 있게 된 연유를 들으며, 청주의 역사와 함께 교육도시 청주를 보여주는 장소라는 것을 이해하게 되었다.

고려 시대에 처음 세워질 때에는 취경루라 불리었던 망선루는 지금의 쥬네스 백화점 자리에 있던 청주목 관아의 부속건물이었다. 고려 공민왕 때 홍건적의 침입을 물리치고 서울로 돌아오는 길에 청주에서 과거시험을 치르고 이곳에 방을 써붙였다고 한다.

조선 세조 때 망선루로 이름을 고쳤고, 일제강점기인 1921년 경찰서 무덕전을 지으며 헐렸는데, 1923년 애국지사 김태희 등의 노력으로 육거리 제일교회 내로 옮기게 되었다. 제일교회로 옮겨진 후 청주 최초의 학교인 청남학교(1904년 개교) 교사로 사용하다 해방 후 잠시 세광학원(세광고등학교) 건물로 사용되었고, 이후 교회 교육관으로 이용되었으니, 청주 근대 교육의 역사에서 빼놓을 수 없는 문화유산이다.

> 옛 공민왕 시절에 홍건적을 피해
> 안동으로부터 이곳에 옮겨와 머물렀네
> 수개월 후 적을 평정하고 과거를 보여
> 그 방을 써서 이 누각에 걸었다네
>
> — 박노중 「망선루」 부분

1995년 청주경찰서가 우암동으로 이전하며, 청주문화사랑모임과 청주시민회를 중심으로 망선루 복원에 대한 요구의 목소리가 높아졌다. 그러나 부지(5100㎡) 매입과 복원 비용이 많이 들어서 결단을 내리지 못하고 있던 중, 원래 망선루가 있었던 부지에 영화관이 들어서자 청주시에서는 차선책으로 중앙공원으로 자리를 옮겨 복원해 놓은 것이다.

　청주시의 의지와 결단, 더 많은 시민사회의 관심이 있었다면 망선루는 원래 있던 제자리에 복원되었을 것이다. 그랬다면 청주읍성 관아 터에 넓은 시민들 공원이 생겨, 청주의 역사성과 문화를 확연하게 보여줄 수 있고 성안길 풍경도 지금과 많이 달라졌을 텐데, 망선루를 바라볼 때마다 많은 회한과 아쉬움이 남는다.

교육의 도시, 푸른 청주의 유래

　내가 처음 청주로 왔을 때 청주는 학교와 학생이 많은 도시, 교육의 도시로 알려졌었다. 어떤 이는 청주가 역사적으로 『직지』로 대표되는 인쇄출판, 지식정보의 도시였다고 하며, 교육의 도시 청주의 유래를 여기서 찾는 이들도 있다. 하지만 청주가 근대도시로 발전하며 교육계 종사자와 학생이 다른 도시에 비해 상대적으로 많아 교육도시로 불렸다는 주장도 있다.

　실제 내가 중고등학교 다닐 때 청주를 교육도시, 소비도시로 배웠던 기억이 뚜렷하다. 청주의 인구는 1980년대 초 20만 명대였는데, 대학교만 7개가 있었고, 이렇다 할 생산기반이 부족했던 청주에서 학생들의 소비와 활동은 도시의 큰 활력이 되었으리라 짐작한다.

이때만 해도 청주는 젊고 활력이 넘치는 푸른 도시였다. 아침저녁으로 통학하는 젊은 학생들이 넘치고, 주말이면 성안길을 꽉 메워 젊음의 물결이 생동하는 도시였다.

활기가 부족한 조용한 도시

1980년대 90년대를 거치며 청주시 인구가 폭발적으로 증가했다. 1976년 20만 명이던 청주시 인구는 8년 만인 1983년에 30만 명을 돌파했고, 불과 4년 만에 40만 명을 넘어 1994년에는 50만이 넘는 도시로 커졌다.

이러한 폭발적인 인구 증가는 도시의 주택난과 교통·주차 문제를 유발했고, 이후 이런 사안들은 청주시의 주요 문제로 대두되었다. 이에 청주시는 환경 영양평가 등 철저한 연구와 조사 없이 무심천 변에 하상 주차장과 하상도로를 개설하여 교통 및 주차난을 해결하려는 손쉬운 정책을 추진했다. 무심천 생태계와 환경 약화는 예견된 일이었고, 결국 이로 인해 시민 환경단체와 큰 갈등을 불러오기도 하였다.

2012년 67만 명이던 청주시 인구는, 청주·청원이 통합한 후 2021

년 86만 명이 넘는 명실공히 대도시가 되었다. 통합 전 청주시 면적(153.45㎢)보다 다섯 배나 넓은 청원군 지역을 포함하여 전체 면적(940.33㎢)이 서울시 면적보다 1.6배나 넓은 도시, 전국 50만 명이 넘는 도시 중에서 두 번째로 면적이 넓은 도시가 되었다.

인구가 늘며 분명 덩치는 엄청나게 커졌는데, 생동감 있고 역동적인 도시의 활기가 느껴지지 않는 것은 나 혼자만의 생각일까? 청주라는 도시의 활기를 잃어버린 것이 혹시 오래도록 유지해온 교육 도시라는 정체성을 어느 순간 잃어버렸기 때문이 아닐까? 그래서 인위적인 통합으로 도시의 규모는 증가했지만, 젊고 활기찬 도시의 장점을 잃고, 청년다운 새로운 것을 더이상 느낄 수 없이 정체되고 점차 쇠락해가는 늙은 도시가 되어버린 것은 아닐까? 그 많던 젊은 학생들과 청년들은 다 어디로 간 것일까?

청년 친화 도시, 청년이 살기 좋은 도시 만들기

시민운동 하던 시절, 청주의 한 청년단체는 늘 '청년이 살아야 나라가 산다'는 표어를 붙이고 다녔다. 맞는 말이다. 청년이 살아야 도시가 살고, 청년이 살기 좋은 도시가 되어야 청주가 산다. 그래서 지자체별로 청년들이 살기 좋은 청년 친화 도시가 되기 위해 청년들을 위한 정책을 개발하여 시행하며 청년들의 정주여건 개선과 정착을 유도하고 있다.

대전시는 2019년 청년의 날 기념식에서 전국 지자체 대상 청년정책과 소통, 청년활동 지원, 청년 친화지수 등을 평가하고 종합대상을 시상했으며, 주민참여예산 100억 원 중 청년예산에 24억 2000만 원을 배정할 정도로 청년의 시정 참여가 활발한 것으로 유명하다. 대구시는 2021년 청년 친화도시 구축 노력이 인정되어 대통령 표창을 받았는데, 생애 이행과정별 맞춤형 청년정책인 청년보장제를 시행하고, 71개 사업에 1339억 원의 예산을 투입하여 청년들에게 희망의 사다리를 놓아주고 있다. 이뿐만이 아니라, 평균연령 37.8세(2020년 12월 기준)로 젊은 도시인 오산시는 청년들이 살고 싶은, 청년들이 모여드는 풋풋한 젊은 도시, 청년 공감도시로 알려져 있다. 도시의 미래가 청년들에게 달려 있다는 점을 인식하고 이렇게 도시마다 청년의 참여, 일자리, 공간, 교육, 복지, 주거 등 청년 삶 전반에 대한 청년 지원 기반 조성에 총력을 기울이고 있다.

청년정책의 획기적 전환과 지원 확대가 필요한 이유는 수도권으로 지방 청년 유출이 가속화되고 있기 때문이다. 최근 수도권의 인구 증가와 지방의 인구 감소가 동시 일어나고 있는데, 수도권 인구 순 유입은 사실상 지방 청년 인구의 순 유입 현상이기 때문이다. 지방의 청년 인구 유출은 지방인구 감소, 고령화 심화, 지역경제 활력 저하 등 직접적인 영향과 수도권으로의 인재 유출 위험 등 부정적 파급효과를 만들어 내는 면이 심각하다.(한국보건사회연구원 자료)

따라서 청년의 유출이 심한 지자체에서는 청년과 지방의 상호발전을 꾀할 수 있는 적극적인 청년정책 개발이 무엇보다도 시급하다.

다시 푸르러져야 청주가 산다

최근에 청주의 한 읍·면지역을 방문했는데, 현재 마을에서 다양한 활동과 역할을 하는 젊은 주민의 말이 충격적이었다. 우리 지역은 어르신들이 유관 단체장 자리를 모두 차지하고 중요한 의사결정을 다 하고 있어서 젊은 사람들이 활동하기 어렵다는 말이었다.

무슨 소리인지 바로 이해가 안 되어 마을 내부를 깊게 들여다보니 이 지역 대표들은 대부분 60대가 넘어 보였다. 30-40대 젊은 사람들이 조금 활동하려고 하면 아버지, 아저씨뻘 되는 분들이 '쟤 누군데, 왜 그렇게 나대지' 하고 눈치를 주는 바람에 지역 일에 참여하기 쉽지 않다는 것이었다. 심지어 좁은 동네다 보니 어른들 눈에 띌까 걱정되어 밥 먹는 것도 청주 시내로 가서 먹고 들어가는 게 편하다고 하였다.

그 지역에도 분명 젊은 사람들이 많이 살고, 아이들도 많아 이들을 위한 시설이나 프로그램이 필요한데, 이런 일에 지역 어른들이 별 관심을 보이지 않는다는 것이다. 지역 어른들은 그 지역 출신으로 오래 한 지역에 살아오며 기반과 인맥이 튼튼하지만, 자식과 손주는 대부분 다른 도시에 살고 있어서, 그 지역의 젊은 세대들이 가진 고민과 어려움에 별 관심이 없다고 했다. 젊은 사람들은 있는데 배려와 지원이 거의 없으니, 지역에 사는 젊은이들이 주인으로 자리잡기는커녕 소외감을 느끼고 그런 여건이니 지역을 떠날 생각만 하고 있다는 것이다.

그 젊은 주민의 말을 듣다 보니 이런 상황이 어쩌면 비단 이 지역의 문제만이 아닐 수 있다는 생각이 들었다. 청주도 젊음의 생기와 활력을 잃고 점차 노화되어 가며 지역 젊은이들의 고민과 그들이 이끌어갈 내일에 무심한 것은 아닐까?

지역에서 오래 터를 잡고 생활해오며 누구보다도 지역문화에 애정이 많을 것 같은 어르신들이 지역 안에서 제대로 인재를 키워낼 뜻과 의지를 갖기보다 자신의 아이들이 조금 성장하면 서울로 보낼 생각을 먼저 하는 걸 많이 본다. 이런 상황에서 지역에 대한 자긍심이 생기기는커녕 더한층 실망한 젊은 사람들도 청주를 등지고 결국 지역의 젊은 인재 유출이 심화되는 것은 아닌가 싶다.

이런 생각에 이르자 이대로 있어서는 안 된다는 위기감이 커진다. 교육의 도시로, 젊음의 도시로 청년들이 살고 싶은 활력 있는 도시로 힘을 합쳐 다시 만들어가기 위해서 무엇을 해야 할까? 그 길을 묻는다. 청주가 젊어져야 미래가 있다. 청주가 다시 푸르러져야, 우리 청주가 산다.

상생과 통합의 정신

오랫동안 농촌 지역이었던 청주

조선 시대에 전국으로 청주가 알려진 사건 몇을 꼽으면, 첫 번째는 1592년 8월 1일 임진왜란 육전 최초의 승전을 만든 조헌과 박춘무 의병장과 영규 대사의 청주성 탈환을 들 수 있겠다. 두 번째는 영조 때인 1728년 청주를 중심으로 거병했던 이인좌의 난으로, 이 사건으로 인해 청주목은 서원현으로 강등되고 역모에 관여했다는 딱지가 붙어 한동안 과거나 지역 정책에서 차별을 받기도 하였다. 세 번째는 청주에 있던 화양동서원을 꼽을 수 있는데, 화양동서원은 노론의 영수 송시열을 배향하는 서원이며, 만동묘가 있어 전국의 유림들이 찾던 명소였다. 흥선대원군이 실권을 쥐기 전 화양동서원을 방문했다가 문지기한테 봉변을 당했을 정도로 위세 당당하고 전국적으로 유명한 곳이었다. 결국 흥선대원군이 서원을 철폐할 때 가장 먼저 철퇴를 맞은 곳이기도 하다. 어쩌면 이 화양동서원 때문에 청주가 기호사

림의 중심, 양반의 고장이라 불렸는지도 모른다.

　조선 시대 청주목의 영역은 지금보다 훨씬 넓었다. 앞에서 거론한 화양동이 있던 괴산군 청천면 지역과 세종시 전의면도 청주목이었다. 100년 전인 1914년 괴산군 청천면으로 넘어갈 때까지 화양동은 청주 땅이었다. 미원, 낭성, 내수, 오창, 옥산, 오송, 강내, 현도, 남이, 문의, 가덕 등도 청주에 속했고, 1946년 청주부와 청원군이 분리될 때까지 청주의 영역은 금강과 미호천 유역과 평야지대, 상당산성 넘어 한강수계인 산동지방에 이르기까지 광활할 농촌지역을 아우르고 있었다.
　사실 청주시의 도시구역은 오랜 기간 청주읍성 주변에 머물렀다. 일제시강점기 방아다리까지, 1970년대 사직동과 공단 입구, 내덕 7거리까지 도시가 확대되었다. 그리고 1980년대 들어서 운천·신봉동이 개발되고, 1990년대 용암동·분평동이 개발되었고, 지금 사람들이 많이 사는 서원구, 흥덕구 지역은 2000년대 들어선 것이니, 어쩌면 청주의 도시 공간의 역사는 100년, 아니 50년이 채 안 되는지도 모른다.

　청주가 도시라는 정체성을 갖기보다 오랫동안 농촌지역으로 살았던 셈이다. 그래서 청주 하면 직선적, 도시성, 속도성, 문명성 이런 것보다는 맑음, 푸름, 자연, 환경, 하늘, 하천, 숲, 농촌, 농업, 마을이 떠오른다. 이렇게 청주와 더불어 연상되고 연결되는 특성들을 자연스럽게 살리는 일이 청주다움을 지키는 길이고, 청중의 정체성을 만들고 확장해 가는 길일 것이다.

청주다움을 확장시키려 청주·청원 통합

　원래 하나였던 청주시와 청원군이 1946년 분리된 이후 독자적인 발전을 꾀하다가 1994년부터 네 번의 시도 끝에 2014년 인구 84만의 큰 도시로 통합되었다. 청주·청원 통합을 하며 29개 항의 상생발전 방안에 합의하였고, 지금도 추진되고 있다. 통합 후 청주시는 인구와 재정 규모의 증가, 투자유치로 오송생명과학단지와 오창과학산업단지 등 중부권을 대표하는 성장엔진을 부상시켰다.
　그런데 옛 청원군 지역에서는 최근까지도 계속 불만 섞인 소리가 나오고 있다. 특히 농촌에 살고 농업에 종사하는 농업인들은 통합 후 전혀 사정이 나아진 것이 없다는 의견이 대부분이고, 심리적인 박탈감에 대한 호소는 더 큰 편이다.

　왜 이런 호소가 끊이지 않는 걸까? 통합 이전은 마을에 어떤 사안이 있을 때 이장이나 지도자가 군청을 방문해서 군수 면담을 요청하면 수월하게 면담과 논의가 진행되었는데, 통합 이후엔 시장 면담이 하늘의 별 따기처럼 어렵고, 농정국장이나 농업정책과장을 만나는 것이 다라고 한다. 그만큼 농업과 농촌을 무시하는 느낌이 크다고들 말한다. 심지어 시의원조차도 자신의 선거구 내에 아파트가 밀집한 동 지역과는 달리 인접한 농촌지역은 발걸음이 뜸하고 관심이 없다는 말을 여기저기서들 하고 있다.

청주·청원 통합 후 도시 크기는 급속하게 성장했지만, 농업과 농촌은 어떤 여건도 좋아진 것이 없다는 주민들이 많고, 청주시가 농업과 농촌지역에 더 많은 관심을 가져야 한다는 목소리를 더이상 외면하고 무시하면 안 될 것이다.

청주에서 옛 청원군 지역, 도시지역에서 농촌지역으로 개발이 진행되고 주민 혐오시설이 옛 청원군 지역에 배치되고 있는 것을 주민들이 과연 언제까지 감내하고 있을까? 반대로 옛 청원군 지역에서 청주시로, 농촌지역에서 도시로 방향을 전환한 것들은 무엇이 얼마나 있을까? 농촌의 가치를 제대로 살리지 못하고, 청주시민의 허파, 쉼터, 자연환경을 일방적으로 훼손하고 있는지 모른다. 그래서 청주다움과 도시의 정체성을 찾지 못하고 있는 것은 아닐까?

농촌 지역이 살아야 청주가 산다

2001년부터 청주·청원 통합을 중점사업으로 선정한 충북참여연대는 이후 시민들에게 통합의 필요성을 적극적으로 알리면서 민간 차원에서 통합이 촉진되도록 다양한 활동을 전개하였다. 끝까지 청원군민을 설득하며 신뢰를 구축하기 위한 노력을 진행하여 주민 주도의 통합을 이루어 내고, 지역주민의 자치의식과 주인의식을 높이는 활동을 전개하였다. 아울러 청원군 지역을 배려하는 상생의제를 발굴함으로써 통합의 결과 지역 차별 없이 이뤄지도록 하는 성과를 거두기도 하였다.

　통합 후 옛 청원군 지역은 자본투자와 개발이 빠른 속도로 활발하게 진행되어 나날이 확연하게 달라지고 있다. 특히 오창에서 오송 세종으로 연결되는 미호천 너머 그 일대 지역은 도시와 공단이 하루가 다르게 들어서고, 이로 인해 환경 악화 등 다양한 문제가 발생하고 있다. 이에 비해 상대적으로 변화의 속도가 느린 청주의 미호천 동쪽 지역은 예전의 환경 생태는 보존하고 있지만, 농촌 지역에 대한 소외감과 박탈감은 커지고 있다. 도시와 농촌의 상생발전을 도모했는데, 도시와 농촌이, 개발지역과 농촌지역의 불균형은 심화되고 있는 상황이다.

　청주·청원 통합을 추진할 때 계획했던 것처럼 제대로 상생발전이 되고, 옛 청원군민들까지 공감하고 상생하는 통합 청주시가 되려면 농촌을 바라보는 철학과 생각이 달라져야 한다. 통합을 위해 약속했던 상생발전 방안들을 하나하나 실행하는 것이 무엇보다 필요하고 중요하다. 통합에 앞장섰던 당사자들이 애초에 한 약속 이행을 중요하게 여기지 않고 하루하루 날이 갈수록 잊어버릴 것이 아니라 다양한 방법을 찾고 모색해야 한다.
　무엇보다 옛 청원군 지역, 농촌지역 환경에 더 많은 관심을 갖고 보존방안을 마련하여 생태환경을 지키고 살아온 농촌과 농업인들의 마음을 살펴야 한다. 아울러 청주 도심지역이 옛 청원군 지역에서 생산되는 농산물을 소비하는 방안에 대해 적극적으로 모색하는 등 농촌마을 보존과 상생을 위해 보다 능동적이고 적극적인 노력이 필요하다.

환경은 훼손하기는 쉽지만 복원하기는 대단히 어렵다. 따라서 무차별적이고 무계획적인 개발을 방치하지 말고, 농업농촌 환경과 산림환경 보전 계획을 마련하고 철저하게 관리해 나가야 할 것이다. 기후 위기 시대, 청주시가 숲과 자연환경 보존을 위한 적극적인 방안을 모색한다면 탄소 중립을 실현하는 적극적인 정책시행을 통해 더 맑고 푸른 청주시의 가치를 높이는 중요한 기반이 될 수 있을 것이다.

지역성과 지역 인재

지역균형발전을 향한 비전과 도전

2018년부터 청와대에 행정관으로 근무를 시작하며, 나는 오송역에서 KTX를 타고 서울을 갔다가 금요일 저녁 다시 기차로 돌아오곤 하였다. 그렇게 오송역을 드나들면서 여러 감회에 젖는 날이 많았다.

미호천 건너 강외면 지역, 드넓은 평야지대가 펼쳐지던 이 지역은 2000년대 들어 오송역이 자리하여 지금 국가 교통의 중심축으로 변화되고, 국가산단인 오송보건의료과학단지가 들어서 바이오산업의 메카로 발돋움하고 있다.

한 지역이 변방에서 지역발전의 중심으로 변화하는 데는 미래를 내다보는 안목을 갖고 지역발전을 위해 헌신하는 지역의 어른, 혁신 리더가 있어야 가능하다. 청주에 경부고속철도 오송역을 유치하고 자리매김하기까지는 철도 소외지역 청주가 고속철도까지 배제되어서는 안 된다는 시민단체의 문제의식이 작용했다. 당시 충북시민회는 노태우 대통령의 대선 공약이기도 했던 고속철도 정차역에 충북이 배제된 것에 항의하며, 경부고속철도 충북권 유치운동을 제안하고 대정부 투쟁을 시작하였다. 이후 지역사회의 동의와 지지가 확대되면서 경부고속철도오송역유치위원회가 발족되었다. 위원장인 해고 이상록 선생의 뚝심과 동범 최병준 회장님을 비롯한 시민사회단체들의 자발적인 협력이 조화를 이루며 오송역 유치라는 기적과도 같은 결과를 만들어 냈다.

원래의 국가 계획은 오송역은 고사하고, 경부고속철도 노선이 충북을 비켜 가는 안이 검토되고 있었다. 1988년 호남고속철도 건설에 따른 기점역을 경부고속전철 천안역에서 공주를 경유해 논산으로 신설하는 68㎞의 노선안이 정부안으로 검토되고 있다는 얘기가 들렸다. 충북을 소외시킨 것을 알게 된 민간사회단체에서 추진위원회를 발족하고 적극적으로 활동하기 시작하였다. 아무리 건설교통부에 충북으로 노선 변경을 요구하고, 항의 방문해도 정부의 방침은 요지부동이었다 한다. 이상록 위원장은 후에 "오송분기역으로 하지 않으면 부강-신탄진과 부강-내판간 협곡에 3톤 트럭으로 폭탄을 실어 폭파시키겠다며 공공시설물이 파괴되지 않도록 재고하라고 서면으로 요구했다. 정말로 감옥에 갈 각오로 했는데 지금 생각하면 참 무모했지만 당시엔 다른 방법이 없었다"고 회고하였다. 이러한 지역의 강력한 요구와 정서는 중앙에 그대로 전달되어 재검토하게 되었고, 추진위도 2.5km만 늘이면 오송역으로 하는 것이 합리적이라는 것으로 부각시켜 1991년 계획이 변경되었다. 이후에도 지속적으로 오송역 조기 착공 운동을 진행하여 오송역 건설을 승인받았고, 유치운동을 시작한 지 21년 만인 2010년 10월 오송역을 준공하였다.

오송역 유치운동을 관철시켜 지역을 새로운 단계로 변화시킨 이상록 위원장, 이상훈 회장, 범추 스님, 동범 최병준 회장 등 지역원로와 시민사회단체 대표들의 혜안과 뚝심은, 정치 성향, 이념, 보수와 진보를 떠나 지역의 리더가 어떠해야 하는지를 보여주었다고 생각한다. 교육도시 이후 정체성을 잃어버리고 덩치만 커진 청주를 하나로 묶고 지역민의 잠재역량을 드러내고, 새로운 청주를 만들어갈 혁신적 리더십의 등장이 필요한 시점이다.

KTX오송역이 청주에 있다고요?

청주에 철도가 들어선 이후 청주역은 여러 번 옮겨 다녔다. 1921년 청주~조치원 구간에 철도가 놓이며, 지금의 시청 근처에 청주역이 처음 생겼다. 이때는 철로가 지금의 청주대교를 건너 상공회의소 앞에서 좌회전하여 시청사거리에 있던 청주역에 이르는 경로였다. 그러다 1968년 충북선 노선이 변하며 정봉역에서 직지대로를 따라 서청주 톨게이트 앞을 지나 흥덕대교를 넘어 우암동 옛 문화방송 자리(현 삼일브리제하임 아파트)에 청주역이 있었고, 정하동을 거쳐 오근장역으로 뻗어 있었다. 그러다가 충북선이 복선화되며 역은 현재의 위치로 이전하였고, 역 이름도 정봉역에서 청주역으로 바뀌어 현재에 이르고 있다. 지금도 청주시청 부근과 우암동에는 역이 있었다는 증거들이 보이고 있는데, 역전 근처에 있던 파출소와 여행객들을 위한 여관촌의 흔적이 지금도 남아 있다.

굳이 이렇게 청주역의 유래에 대해 언급한 이유는, 중심축이 바뀌었다면 이름도 따라갔으면 어땠을까 하는 것이다. 2000년대 들어 고속철도가 놓이면서 교통의 흐름에 변화가 일어나고 있다. 고속철도 역이 들어서는 오송 지역이 청주의 새로운 중심축으로 자리를 잡아가고 있는 것이다. 그런데, 오송역이 들어설 때 청주오송역 또는 청주세종역으로 명명했더라면 오송역의 위상과 도시의 브랜드 가치가 좀 더 높아지지 않았을까 하는 아쉬움이 남는다. 현재 다른 지역에 있는 사람들은 오송역이 청주에 속해 있다는 사실을 모르고 청주에는 고속철도 역이 없는 것으로 알고 있는 이들이 많다.

한 번 기회는 있었다. 사실 오송역 유치운동을 할 때만 해도 청원군 지역에 위치해 있어, 청주역이라 하기 어려운 측면이 있었다. 2014년 통합 청주시로 출발할 때 오송역을 청주역으로 명칭변경 하는 방안을 깊이 논의했다면 다른 결과가 나왔을 것이다.

2016년 5월 청주시청 홈페이지 시민의 소리 란에 익명으로 다음과 같은 글이 올라왔다. 오송역의 이름을 '청주세종역'으로 바꾸자는 내용이었는데, 원문을 그대로 싣는다.

청주시청 홈페이지 시민의 소리(2016년 5월)

안녕하십니까?
저는 청주시가 오송역 개명에 좀 더 적극적으로 나서야 한다고 생각합니다. 오송역은 이제 청주를 대표하는 역이 되어가고 있습니다.
더군다나 세종과 인접하여 세종을 찾는 사람들이 활발하게 이용하고 있는 곳이기도 합니다.
따라서 저는 오송역을 〈청주세종역〉으로 개명할 것을 주장합니다.
이유는 다음과 같습니다.

1. 〈청주〉라는 브랜드는 〈오송〉이라는 브랜드 가치를 훨씬 뛰어넘고 있다.
2. 〈오송바이오밸리〉, 〈오송생명과학단지〉 등 이미 〈오송〉이라는 브랜드를 키우고 있는 마당에 〈청주세종역〉으로 개명하는 것은 〈오송〉이라는 브랜드를 사장시키는 결과로 이어질 것이라는 우려에 대해서는, 의견이 다르다. 오히려 〈청주오송바이오밸리〉, 〈청주오송생명과학단지〉 등으로 홍보하여 〈청주〉라는 기존의 브랜드 가치에 청주에 포함된 생명과 과학, 교통으로서의 〈오송〉의 이미지를 함께 키워간다면 〈오송〉의 가치가 더욱 커질 것이다. 따라서 〈청주세종역〉은 〈오송〉의 브랜드를 사장시키는 것이 아니라 더욱 키울 수 있는 계기가 될 것이다.

3. 〈청주세종역〉은 신흥 행정중심인 〈세종〉의 브랜드 이미지를 가져옴으로써 〈청주〉의 브랜드 가치에 시너지를 줄 수 있다.

4. 최근 일부 정치인이 〈세종역〉 신설을 주장하고 있는데 〈청주세종역〉으로 이름을 바꾸면 이러한 주장의 논리적 근거를 약화시키면서, 오히려 〈세종역〉을 신설해야 한다는 주장과 근거를, 이미 〈청주세종역〉이 있으니 이를 활용하여 오송과 세종의 결합을 통한 발전 방안과, 더 나아가 청주와 세종의 복합적 연계 발전을 논의할 수 있는 계기로 발전시켜 나갈 수 있다.

오송역을 국토의 허브와 중심으로 만들기 위해서는 역 명칭뿐만 아니라 오송역세권을 공공의 관점에서 접근하고, 오송 지역의 바이오헬스산업과 정주환경을 획기적으로 개선하는 등 보다 큰 안목과 지혜가 필요하다. 2017년 2월 〈충청리뷰〉에 'KTX 청주오송역이면 어떨까'하는 컬럼을 기고했었는데, 지금이라도 청주의 브랜드 가치와 미래를 위해 함께 숙의해야할 중요한 의제라고 생각한다.

균형발전을 위한 지역의 인재는 어디에 있는가?

2019년 통계청에 따르면 2017년 수도권의 인구는 51.3%로 증가해 대한민국의 절반을 넘어섰으며 2011~2017년 연평균 경제성장률은 서울 3.6%, 지방 2.2% 격차가 1.4%에 달했다고 한다.

오송역에 수많은 사람들의 지나는 모습을 보며 사람, 지역 인재에 대한 생각을 많이 한다. 몇 년 전 도지사와 교육감이 지역 명문고 설치를 둘러싸고 갈등이 벌어졌었다. 명문고 설치를 주장하는 사람들은 '전국에 58곳이나 되는 자사고, 영재고, 국제고가 충북에는 단 한 곳도 없는 것이 바로 충북의 교육 현실'이라며 '이로 인해 2018년도 서울대 등 유수한 대학 진학률이 전국 17개 시·도 중 17위'라며 지역의 인재 유출 등 심각한 위기에 처해 있다며 차별화된 교육을 강조하고 있다. 즉 명문고가 없어 지역의 인재가 외부로 끊임없이 유출되고 있다는 것이다.

또 하나는 정작 서울에는 지역의 인재가 드물다는 것이다. 중앙 정부와 청와대에 충북과 청주를 연결하고 중앙정부를 설득하여 지역사회의 현안 해결하도록 만드는 지역의 인재가 다른 지역에 비해 매우 적은 것이 문제라고 지적하는 사람이 많다. 내가 청와대 행정관으로 들어가게 된 것도, 청와대와 소통하는 창구기능을 할 사람이 부재한 상황에서 지역 어른과 정치인들의 노력이 있었기 때문이었다. 지역의 인재는 수도권으로 유출되고 있다는데, 중앙정부에는 정작 지역을 위해 일하는 사람이 드문 역설적인 상황이 벌어지고 있다.

또 하나 생각해야 하는 것은 과연 인재란 무엇이고 어떤 사람이냐는 것이다. 우리가 많이 본 익숙한 일 중 하나는 지역에서 태어나 서울로 대학진학 이후 중앙행정 관료로 성장한 사람들, 전문 직종에 진출해서 명성을 얻은 사람을 지역의 인재라고 생각한다. 이러한 인식은 기성 지역 정치인, 행정관료, 언론은 물론이고 평범한 시민들에게까지 광범위하게 확산되어 있다.

지역에서 주민과 호흡하며 지역의 문제를 해결하기 위해 다년간 노력해온 많은 사람은 흔한 말로 깜이 되지 않는다는 평가를 받는다. 그래서 국회나 단체장 등 중요한 정책을 결정하는 범주에 들어갈 수 있는 인재로 인정받기가 쉽지 않다. 그래서 대개 선거철만 되면 중앙정부 각 부처에서 활동했던 행정관료 출신들이 낙점받아 낙하산으로 내려오는 경우가 많다. 문제는 이러한 낙하산 인재들이 지역의 실정을 잘 모르거나 관료적인 보수성이 강하다보니 아래로부터의 국민 참여가 일상화되는 문화, 민·관 협치, 적극 행정 등 혁신적인 시도에 익숙하지 않다는 것이다.

　이로 인해 민주적인 리더십, 수평적 협력을 바라는 시민의 기대와는 다른 권위적인 행보를 보이거나, 현실 안주적인 정책으로 시민의 눈높이를 맞추지 못하는 일들이 반복되고 있다는 점이다.

　불행히도 청주시는 지금까지 단 한 명의 시장도 연임에 성공하지 못할 만큼 단체장에 대한 시민의 신뢰가 낮은 지역이 되었다. 이는 선출된 단체장의 소통역량이 청주시민의 높은 시민의식과 기대에 부합하지 못해서 생겨난 결과물이 아닐까. 서울에서 성공한 관료출신 낙하산들이 낙선 이후에 보이는 행태도 문제가 크다. 역대 충북도지사 출신이나 시장, 이런 분들이 지역에 뿌리내리고 지역민과 동고동락하는 경우가 거의 없다. 시장 출신 중 지금까지도 시민의 존경을 받으며 지역의 어른으로 남아 역할을 하는 분은 많지 않은 것이 현실이다.

　지역에 뿌리내린 지역의 인재를 양성하고 지역의 역량을 강화시키는 중요한 역할을 지속하게 하기 위해서는 지역인재 양성시스템을 구축해야 할 것이다. 먼저 청주다운, 청주형 지역특화 교육을 활성화하여 맞춤형 인재를 키울 수 있는 기반을 확대해 나가고, 이렇게 배출된 지역의 청년들이 열정을 갖고 새로운 활동과 창업을 활성화하여 미래를 이끌 청년 혁신가를 양성해나가고, 아울러 교육부와 대학, 자자체와 산업계가 맞춤형 지역인재를 발굴 육성하기 위해 추진하는 '지역혁신플랫폼' 사업 등 지식서비스산업의 기반을 확충하여 대학과 기업 간의 실질적 협력관계를 구축하여 인재 유출을 방지하려는 노력이 강화되어야 한다. 아울러 지역의 유망한 사람들을 일정 시간 국회, 중앙정부, 연구원 등으로 파견하여, 정책역량과 안목을 넓혀 지역혁신 역량을 키울 수 있는 구체적인 계획을 수립하여 실천해야 한다.

소통할 줄 아는 지역인재, 혁신 리더를 양성해야

변화는 작은 것에서 시작된다. 사고와 발상이 과거에 머물러 있는 사람은 아무리 지식과 경험이 많아도 빠르게 변화하는 포스트 코로나로 대비되는 뉴노멀 시대에 능동적이고 선제적인 대응이 어렵다.

지금까지 지역사회는 기존의 질서와 관행을 따르다보니 뒤처질 수밖에 없다. 다원주의 정치학자 로버트 달은 "민주주의 리더는 지식 그 이상의 능력이 필요하다. 이는 청렴함과 어떠한 유혹에도 맞설 수 있는 확고한 저항의식과 헌신정신"이라고 주장한다. 결과에 연연하면 먼저 계산부터 하게 되고 어떤 일도 행동으로 옮길 수가 없게 된다. 그래서 진정 역사를 만든 것은 이론가가 아니라 행동가였다.

우리 지역사회에도 이제는 어떤 문제에 직면하여 좌고우면하며 혁신을 거부하는 관료적 마인드에서 벗어난 혁신가의 등장이 필요한 시점이다. 전직 엘리트 관료의 시대를 뛰어넘을 수 있는 지방정치의 확고한 세대교체를 시작할 때가 된 것이다. 기존의 질서에 익숙한 사람은 경로의존성 때문에 혁신의 아이콘이 되기는 어렵다. 자신이 경험한 것 이상을 이해하고 실천하는 것은 어려운 일이기 때문이다.

그래서 혁신은 쉽지 않은 자기 부정의 과정이기도 하다.

　기존의 좁은 틀과 관성에서 벗어나 청주를 새롭게 만들어, 도시의 수준과 질을, 경제와 문화와 공동체를 한 단계 발전시킬 실패를 두려워하지 않는 혁신리더가 다양한 영역에서 많이 배출되어 지역에 변화를 이끌어가는 모습을 생각만 해도 기분이 좋아진다.

정치와 정치인, 내가 생각하는 **정치**

    우리와 우리 미래세대가 살아가는 세상은 능력주의에 기초한 무한 경쟁으로 약자를 배제하고 불평등을 심화시키는 사회가 아닌, 인간으로서 최소한의 기본적인 삶의 권리가 보장되는 평등하고 정의로운 사회였으면 한다. 불행히도 4차 산업혁명은 사회적 기회와 물질적 가치가 소수에 집중되는 불평등을 심화시키고, 고용 없는 불안전 노동을 포함해 우리 사회의 미래에 대한 비관적 전망을 강화하고 있다. 디지털 전환, 데이터 경제, AI, 메타버스로 대표되는 4차 산업혁명은 불평등 심화, 고용 없는 저성장의 시대를 맞이하고 있다. 과학기술 혁신으로 인한 물질적 풍요와 효율성의 증대가 모든 사람에게 똑같은 결과를 가져다주지 않고 있다. 미숙련 일자리는 기계가 대체하고, 자본이 노동보다 더 많은 몫을 차치하며, 재능이 뛰어난 이들이 부를 독점하는 것이 우리가 살고 있는 세상의 미래 풍경을 이룰 가능성이 높다.

    기술의 진보와 산업의 발전이 일자리 불안과 지역과 계층과 세대

간 불평등을 심화시키는 방향으로 가지 않기 위해서는 노동시간 단축과 기본소득 보장 등 새로운 관점과 접근법을 모색해야 한다. 시민 개개인의 안정적인 일자리를 보장하고 여유시간을 통해 창의적인 상상력과 도전을 할 수 있는 기회를 제공하는 일은 미래적 과제인 동시에 현재적 과제로 우리 앞에 다가와 있다. 새로운 사회계약이 필요한 시점이다.

청년실업, 비정규직, 노후 일자리 등 안정적인 일자리 문제는 중앙정부와 지방정부가 해결해야 할 중대한 경제·사회·정책적 과제이다. 우리가 현재 겪고 있는 변화는 상품처럼 사고 파는 근대적 임금노동의 종말을 고하고 있다. 그러나 화폐로 지불되든 그렇지 않든 사회활동으로서의 보편적 노동은 여전히 필요하고 중요한 것이다. 일자리 감소로 인해 과잉 공급되는 노동력에 대해선 노동시간 단축, 기본소득 보장, 민주주의 공론장, 문화와 여가 등 여유로운 사회로의 전환이 새로운 대안이 될 수 있다.

새로운 사회계약을 통해 대한민국에서 살아가는 모든 사람들이 인간으로서의 기본적인 삶을 유지하고, 복지와 문화 활동을 향유할 수 있는 사회로 나아가게 하는 과제를 해결하는 것이 정치이자 정치인의 핵심적 역할임은 변함없는 사실이다. 문제는 정치가 현재의 변화를 수용하고 시대정신에 부합하는 새로운 결과를 만들 수 있는가 하는 것이다. 베버는 정치가가 갖추어야 할 미덕을 '열정, 책임감, 균형감각'이라고 했다. 불안한 미래를 향해 가는 우리 사회를 더 나은 방향으로 전환하겠다는 굳은 의지가 열정과 책임감으로 표현된다. 한편 김대중 대통령은 시장과 민주주의 균형발전 철학의 핵심적 문제의식이자 실천적 지향이라 할 수 있는 '서생적 문제의식과 상인적 현실감각'을 제시하면서 균형감각의 중요성을 강조하였다.

정치란 한 사회의 지원과 구성원들이 생산한 가치를 권위적으로 배분을 하는 일이다. 자원과 부가가치를 어떻게 나눌지, 어디에 우선적으로 투자할지를 최종적으로 결정하는 역할이다. 따라서 정치는 언제나 사적 이해관계와 이념적 가치가 직접적으로 충돌하는 첨예한 갈등의 현장이다. 정치 영역은 갈등과 대립이 상존하는 공간이다. 더 나은 사회로 나아가기 위해서는 이러한 갈등을 타협과 조정의 과정을 통해 새로운 제3의 대안을 만들어 내는 등 갈등을 관리하는 역량이 매우 중요하다. 국민의 관점에서 때로는 원칙을 지키고, 때로는 타협을 통해 국민적 합의를 끌어내야 한다. 이러한 역량이 부족하면 정치가 국민을 위해 일하지 않고 국민이 정치를 걱정해야 하는 역설이 일어나는 것이다.

과학과 기술발전 그리고 기후위기가 몰고 온 대전환의 시대에는 정치가 미래 비전을 가지고 변화를 이끌어 가야 한다. 우리 정치는 대의 민주주의에서 참여민주주의로 발전해 왔다. 문재인 정부는 국민 참여를 넘어 숙의와 공론을 통한 직접민주주의를 강화하는 방향으로 나아가고자 했다. 탈원전 사회를 향한 국가공론화위원회 운영, 청와대 국민청원, 광화문1번가 등이 대표적인 사례이다. 디지털 사회로의 전환은 모든 국민들이 일상적인 국가와 지방정부의 의사결정과정에 참여할 수 있는 길을 열고 있다. 디지털 기반 '국민비서' 서비스로 대표되는 지능형 공공서비스도 새롭게 시도되고 있다.

지방정부 차원에서는 마을민주주이가 한 단계 성숙하고 있다. 모바일 기반 마을총회, 읍·면·동 단위 자율예산제, 시민이 예산을 직접 결정하는 주민참여예산제 확산, 주민자치회 확대 등이 그 증거이다. 문제는 이러한 변화가 모든 지역에서 균등하게 시행되지 않는다는 점이다. 지역의 정치인들이 어떤 철학과 가치에 기초하고 있는지, 누구의 지지를 받고 있는지에 따라 차별성이 확대되고 있다.

우리는 언제나 극복하기 어려운 위기와 고난의 시대를 살아가고 있다. 일제강점기는 민족의 자주적 독립, 해방 후에는 민주공화국의 수립, 60~70년대는 박정희로 대표되는 경제발전과 산업화, 80~90년대는 김영삼, 김대중으로 대표되는 박정희 유신독재로 인해 유보된 민주주의 회복, 신자유주의와 외환위기 극복, 2000년대는 사회 경제적 불평등 극복과 자치 분권 등 민주주의 확장, 한 순간도 시대적인 과제가 가벼웠던 적이 없다.

지나온 역사의 과정을 돌아보면 매 시기 감당하기 힘겨운 시대적 과제를 겪어 왔다. 독재와 시장 만능주의는 역사를 후퇴시키고 국민을 고통의 나락으로 빠트리는 위기를 만들었지만 깨어 있는 국민의 참여와 헌신, 시민의 연대와 실천으로 위기를 극복해 왔다. 절대빈곤의 극복이라는 시대적 과제는 국가주도의 권위적 리더십으로 산업화의 진전을 이뤄 왔다.

그러나 여전히 우리 사회는 해결하지 못한 미완의 과제가 넘쳐난다. 자산과 소득 불평등의 심화, 지역 불균형과 지방 소멸, 기후 위기 문제, 극단화되는 이념 갈등, 분단의 고착화와 교류 단절 등 수 많은 난제가 있다. 이는 앞으로 정치와 정치인이 해결해야 할 시대적 과제이다. 역사는 진보하고 우리는 현재의 위기를 극복할 수 있을 것이란 낙관적인 전망을 가지고 국민과 함께 해법을 모색하는 힘이 정치를 통해 발현될 것임을 믿는다. 현실에 안주하지 않고 지금 보다 개선된 내일에 대한 꿈, 혁신을 통한 진보의 길로 나아가는 것이 내가 생각하는 정치의 존재 이유이다.

김호기 교수는 21세기 우리사회 진보에게 주어진 중요한 3가지 과제로 '시장의 적절한 제어, 사회적 약자 보호, 개인적 자율과 공동체적 연대의 결합'을 제시한다. 모두 간단치 않은 과제이다. 여기에 더해 기후 위기 극복, 디지털 포용, 직접민주주의 강화는 지방정치가 존재하는 이유이다. 사회가 진보하고 시민의 삶이 나아지기 위해서는 사회 변화에 대응하는 부단한 정책의 혁신이 필요하다. 현실에 안주하며 작은 개선을 하는 것으로는 진보의 가치를 지킬 수 없다.

내가 생각하는 정치는 이미 경쟁력을 갖춘 힘 있는 사람의 이익을 위해 존재하는 것이 아니다. 평범한 시민의 목소리에 귀 기울이고, 사회적 약자의 편에 서서 일하는 존재가 정치인이다. 특히 지방정치인은 정책을 발굴하고 결정하는 일, 예산을 배분하여 집행하는 일의 우선순위에 정책의 최종 수요자들에게 어떤 긍정적인 영향을 미칠 것인지를 고려해야 한다. 예산 소모행정으로 전락하거나, 기득권의 이익을 우선하는 기득권 엘리트 정치를 극복하고, 시민이 직접 정책을 결정하도록 권력을 위임하고, 시민의 일상적 삶에 영향을 미치는 소상공인, 복지, 안전, 환경, 사회적 경제, 공동체, 인권, 교육 문제 개선에 기여하는 생활정치 이념을 실천하는 것이 풀뿌리 지방정치인의 존재 이유이자 사명이다.

생활정치 이념은 성찰적 시민들이 주체가 되어 주민 맞춤형 생활정책을 수평적 협력을 통해 만들어내는 과정으로 볼 수 있다. 또 생활정치는 생활복지와 사회 경제적 권리가 확대되고, 중앙과 지방의 격차 완화 등 아래로부터의 상향식 의사결정을 통해 시민의 실질적인 삶의 질이 개선되는 것을 의미한다. 개발과 성장, 효율의 가치에 기초한 기존의 정치와 경제 질서에 순응하고 적응하는 정치와 단절하고 대안사회, 대안경제(사회적 경제)에 대한 비전을 형성해내는 것이다. 지방정부 정책의 공공성이 확장되고, 생활임금, 고용안정에 지방정부가 적극적인 역할을 하는 정치이다.

지역의 주요 현안에 지역주민이 결정권을 행사할 수 있고, 평범한 주부, 직장인, 어린이 등이 자신의 생활상의 의견을 가지고 참여해야 한다. 시민은 정치의 대상이라는 수동적·객체적 관점을 넘어, 주민이 주체적으로 삶의 문제와 방식을 결정하는 '생활정치'의 강화로 나아가야 한다. 지역주민의 생활에 밀착된 지방자치를 실현하기 위해 주민의 자치권을 강화하고, 자립과 창의의 마을 만들기를 지원해야 한다. 주민자치센터를 민주시민교육과 질 높은 평생교육의 장으로 전환하는 등 주민참여 구조와 공간을 확대함으로써 지역주민의 자치역량을 강화하고, 궁극적으로 생활 자치, 마을 자치, 골목 자치로 가기 위한 제도와 토대를 마련해야 한다.

시민들은, 중앙이든 지방이든 정치는 권모술수, 능숙한 거짓말, 뻔뻔함, 명예욕이 강한 특별한 사람들이 하는 것으로 생각하는 경향이 있다. 정치를 하겠다고 하면 왜 그 험하고 힘든 길을 가려 하느냐, 왜 지금까지 명예롭게 살아온 자신의 삶을 실패의 위험에 빠뜨리려 하느냐고 반문하는 분들이 의외로 많다. 정치를 시민들이 생산한 사회적 가치를 공정하게 재 배분하는 조정자이자 한 사회가 가야 할 미래 비전을 앞서서 고민하는 사람으로 생각하지 않는다. 정치인은 말로는 공공의 이익을 위해서 일한다고 하지만, 본질은 권력을 탐하고 자신의 명예와 이익을 위해 무엇이든 하는 집단으로 생각하는 시민들이 의외로 많다. 이러한 인식이 보편화 된 것은 우리 정치의 후진적인 모습과 행태를 수없이 보면서 집단 관념이 형성됐기 때문이다.

그러나 나는 이러한 인식에 동의할 수 없다. 정치가 좋아지고 시민의 이익을 위해 일하게 하려면 정치인이 바뀌어야 한다. 순수하고, 착하고, 거짓말 할 줄 모르는 사람들이 정치를 할 수 있는 사회가 되어야 한다. 국회의원을 하다가 자녀와 부모를 돌보는 것이 더 중요해서 국회의원을 사직하는 스웨덴의 한 국회의원 이야기는 감동적이다. 핀란드 최초 여성 대통령 할로넨은 여성과 사회적 약자 우선 정책과 청렴한 모습으로 퇴임 이후에도 가족을 다정하고 따뜻하게 챙겨주는 캐릭터 '무민마마'로 불리며 국민의 사랑을 받고 있다. 남미 우루과이 호세 무히카는 세상에서 가장 가난한 대통령으로 통한다. 재임 당시 월급의 90%를 기부했으며, 대통령궁과 별장을 노숙자와 난민 고아들에게 제공하였고, 본인은 스스로 운전하며 농가에서 야채와 농산물로 끼니를 챙기며 출퇴근하였다. 우루과이는 부패가 적은 국가이자 국민의 삶의 질이 남미에서 두 번째로 높은 나라로 알려져 있다. "나는 가난하지만 마음은 절대 가난하지 않습니다. 삶에는 가격이 없어요. 가난한 사람들에게 필요한 건 동정이 아니라 기회입니다. 인생에서 가장 중요한 것은 물질이 아니라 삶을 누릴 수 있는 시간입니다."라는 호세 무히카 대통령의 어록을 통해 좋은 정치인의 삶의 철학을 배울 수 있다.

정치인으로 산다는 것은 부단히 자신의 과거를 돌아보며 같은 실수를 반복하지 않기 위해 노력하는 것, 탁상이 아닌 현장에서 해법을 찾기 위해 가장 낮은 곳에 있는 사람들과의 만남을 지속하는 것, 지속적인 학습으로 성장하며 사회변화를 예측하는 통찰력을 갖는 것, 청렴과 공정, 성장과 분배, 진보와 보수의 균형감각을 가지고 보다 객관화해서 문제를 바라보고 타협과 조정을 통해 더 나은 해법을 찾기 위해 노력하는 삶이 되어야 하지 않을까? 매우 어려운 숙제이긴 하지만 정치에 입문하는 것이 엄청난 용기를 내야 하는 사회가 아닌, 누구나 일정기간 공적인 일에 봉사하는 시간을 갖는다는 생각으로 쉽게 정치를 시작하고 쉽게 정치를 그만두는 사회가 되면 좋겠다. 시간이 지난 후 나의 도전이 이러한 새로운 정치 문화를 만드는 일에 작은 밀알이 되었다고 평가될 수 있다면 충분하다고 생각한다.

제3장

시대처럼 올 **아침**을 기다리며

내를 건너서 숲으로
고개를 넘어서 마을로

어제도 가고 오늘도 갈
나의 길 새로운 길

민들레가 피고 까치가 날고
아저씨가 지나고 바람이 일고

나의 길은 언제나 새로운 길
오늘도…… 내일도……

내를 건너서 숲으로
고개를 넘어서 마을로

― 윤동주 「새로운 길」 전문 ―

지역의 **미래**에 대한 전망

요즘 같은 시대에 희망을 이야기하는 것이 사치인지도 모르겠다. 희망이란 곧 실현될 미래에 대한 꿈이라고들 한다. 희망을 위해 많은 사람들이 노력하는데도 현실에서의 희망은 아직 멀리 있는 것 만 같다. 오히려 답답하고 절망적인 현실의 장벽이 더 크게 다가온다. "희망이란 어려움을 삭제하는 것이며, 절망이란 어려움을 불가능으로 낙인찍는 것이다."라는 SNS글을 보며 희망에 대해 다시 생각하게 된다.

지금 우리 사회는 미래보다는 과거와의 싸움에 모두들 힘겨워하고 있다. 민주정부 3기를 마무리하고 4기를 준비하는 시점이지만 자산불평등과 민생경제 악화, 공정과 정의의 문제가 화두로 떠오르고 있다. 진영 간 갈등과 대립은 점점 격화되고 있다. 지방자치도 위기다. 수도권 인구는 과반을 넘어서고 있다. 산업의 집중도 심화되고 있다. 수도권으로 사람과 경제, 기업이 집중되어 지역의 자립성을 약화시키고 있고, 지방분권과 균형발전 논의는 힘이 실리지 않는다.

2022년 지방선거를 앞두고 지방자치와 지역소멸의 위기론은 증폭되고 지역은 스스로 지역을 경영할 능력과 희망이 부족한 것으로 묘사되고 있다. 지역 균형발전론은 국가경제 위기론 앞에서 아무런 힘을 쓰지 못하고 있다.

그러나 지방과 지방자치의 위기가 전적으로 외부적 요인에만 기인한다고 할 수는 없다. 지역민들이 지방정치와 지역사회 문제에 대해 관심을 기울이고, 지역 스스로 중심을 세워 지역의 자립적 발전을 위해 얼마나 노력하고 있는지 자문해 보아야 한다. 그리고 이러한 내적 성찰을 하는데 있어 오래전에 나온 책이기 하지만 일본 아사히신문이 발행하고 박경수·후지포럼이 편역한『희망사회를 위한 제언』은 우리에게 많은 시사점을 주고 있다.

『희망사회를 위한 제언』은 2007년 가을부터 6개월 동안 아사히신문에 연재되었던 사설들을 한 편 한 편 번역하고 해설과 참고자료를 덧붙여서 펴낸 책이다. 여기서 필자는 "정치가 미덥지 못하면 우리 스스로 희망사회를 위한 비전을 그려봐야 하지 않을까요?"라는 질문을 던진다. 희망이 없다고 말하는 것에 그치는 것이 아니라 절망적인 마음상태에 있는 사람들에게 희망의 불씨를 심는 것이 중요하다. 책에서는 2005년 희망학 프로젝트를 시작한 도쿄대학 혼다 유지 교수의 주장을 싣고 있다. 희망을 요즘 유행하는 개인의 심리적인 상태를 개선하는 힐링에서 찾는 것이 아니라, 사회 환경에 영향을 받는다는 것을 중시하면서 희망은 막연한 바람이 아닌 '장래에 대한 구체적인 전망'을 통해 생긴다는 것이다. 이제는 지역 스스로 지방정치와 자치를 발전시킬 수 있는 구체적인 전망을 제시해야 지역민들이 희망을 가지고 서로 협력하고 연대하며 새로운 가능성을 만들 수 있다는 것이다.

『희망사회를 위한 제언』은 단순히 일본 지방자치에 대한 이야기로 끝나지 않는다. 많은 부분이 우리의 현실과 맞닿아 있다. 저출산, 고령화 사회라는 문제 이외에도 지방분권, 성장과 분배, 비정규직과 청년실업, 연금, 단일민족 신화, 희망을 잃어가는 지역사회 등이 그러하다. 따라서 여기에서 제안하는 많은 정책들이 우리가 지금 고민해야 할 과제들이다. "주민생활에 대한 결정권을 지역정부에 넘겨 연대형 지역연합국가로 가자, 동일노동 동일임금이 보장되는 새로운 고용관계 구축, 복지의 유지와 확충을 위한 증세, 국가부채 증가 억제와 관리, 공적연금 일원화, 고령사회를 위한 의료·노인 요양제도, 아이 낳고 키우기 쉬운 사회, 사회적 연대를 위한 NPO와 시민의 역할 증대, 취업교육, 지식 기술의 융합과 첨단산업 육성 등"은 2022년에도 지방선거의 핵심 의제로 제시될 과제들이다.

"사회를 굳건히 떠받쳐야 할 젊은이들이 자신의 생계조차 꾸리지 못한다. 이것이 우리가 꿈꾸던 사회였던가? 이대로 가면 빈부간 계층 분열이 심화되어 사회의 기반이 흔들릴지도 모른다"고 우려하면서, 대책으로 "첫째, 고용을 안정시키고 최저생활 수준을 끌어 올려야 한다. 둘째, 빈곤층의 자립을 지원함과 동시에 자립도 촉진해야 한다. 셋째, 취업 전이든 후든 개인 능력을 높일 수 있는 사회적 시스템을 충실히 정비해야 한다."는 것이다. 일하는 빈곤층의 문제는 우리나 일본이나 비슷한 상황임을 알 수 있다. 그리고 이러한 문제의 해결을 위해 정부와 기업이 적극 나서지 않으면 공동체 자체의 붕괴로 이어질 수 있음 경고하고 있다.

한 지역사회를 변화시키는 힘은 외지인, 미친 사람, 젊은 사람이 있어야 한다고 한다. 외지인은 폐쇄적일 수 있는 지역에 늘 새로운 시각으로 성찰할 수 있는 눈과 같은 존재이며, 미친 사람은 아무리 어려운 문제라도 지역의 필요가 있다면 끝까지 파고들어 성과를 만들어 내는 사람, 젊은 사람은 정체되어 있는 지역에 새로운 도전으로 활기를 불어 넣는 사람을 이야기한다. 우리 지역사회에서도 『희망사회를 위한 제언』을 통해 개방성과 성찰적 자세, 집요함과 진취적인 정신으로 무장한 지역일꾼이 다양한 영역에서 배출되길 기대해 본다.

변방이 변화의 원동력

변방이 변방에 머물지 않는 이유

　세상의 모든 일들이 이미 정해져 있고, 아무리 노력해도 변화를 기대할 수 없다면 사람들은 체념하고 현실에 안주하는 삶을 살게 될 것이다. 2021년 현재 대한민국의 모습도 변화에 대한 시민의 열망은 있지만 견고한 언론·재벌·검찰 등 기득권 질서가 결코 변하지 않을 것 같은 장벽을 경험하고 있다. 그러나 이는 역사를 길게 보지 않는 데서 오는 착시현상일 수 있다. 중심은 언제나 중심이고 주변은 언제나 주변의 지위에만 머물러 있는 것이 아니라, 중심이 주변이 되고 변방이 중심이 되는 순환의 과정속에 있음을 깨닫는 것이 중요하다. 그래야 중앙중심주의와 불균형, 불평등 구조에 체념하는 지역사회에 변화의 열정을 심어줄 수 있을 것이기 때문이다.

　우리 역사에서 충북은 늘 변방이었다. 지리적으로는 국토의 중심이라 할 수 있지만 정치·사회·문화적 측면에서는 변방의 위치에 존재해 왔다. 여기서 변방이라는 의미는 꼭 부정적으로 생각할 필요는 없다. 신영복 교수는 그의 책 『변방을 찾아서』에서 "모든 살아 있는 생물은 부단히 변화한다. 변화하기 때문에 살아있는 것이다. 중심부가 쇠락하는 이유는 변화하지 못하기 때문이다. 변방이 새로운 중심이 되는 것은 그곳이 변화의 공간이고, 창조의 공간이고, 생명의 공간이기 때문이다."라는 말로 변방성과 변방의식을 설명하고 있다.[1)]

그리고 변방이 창조의 공간이 되기 위해서는 중심부에 대한 열등의식이 없어야 한다고 강조한다. 중심부에 대한 콤플렉스를 청산하지 못하면 변방은 그야말로 '변방(邊方)'에 지나지 않고 변화를 추구하기보다 더 완고한 교조에 빠질 수 있음을 지적하고 있다.

변방이 창조와 소통의 공간이 되려면

중요한 것은 변방이 공간적 개념이 아니라는 것이다. 변방은 변방성, 변방의식의 의미로 이해해야 한다. 광활한 우주에서 생각하면 인간의 위상 자체가 변방의 작은 존재일 수밖에 없다. 그렇기 때문에 변방의식은 세계와 주체(자기 스스로)에 대한 통찰이며, 우리가 갇혀있는 틀을 깨는 탈 문맥이며, 변방성이 없으면 성찰이 불가능하다. 스스로를 조감하고 성찰하며 새로워지는 변화와 소통의 과정이 곧

---

1) 신영복, 『변방을 찾아서』, 영신사, 2012, 26쪽.

생명의 모습이다.

진정한 변방의 의미를 생각해 본다. 자조적인 의미, 공간적 개념의 변방이 아니라 변화와 혁신의 에너지가 꿈틀대는 곳이 오히려 변방이란 관점은, 대한민국의 변방으로 살아온 우리 청주와 충북 사람들의 잠재의식을 일깨우는 역할을 할 수 있겠다는 희망 섞인 전망을 해 본다.

다행히도 충북은 여전히 변방이지만 부단히 새로운 변화를 추구하려는 기운이 커지고 있다. 3·1 운동 당시 민족대표 33인 중 6인이 충북 출신이며, 일제하 항일 독립운동의 중추적 역할을 했던 단재 신채호 선생, 벽초 홍병희 선생, 의암 손병희 선생이 모두 이 지역 출신인 것도 변방론과 무관하지 않다는 생각도 들었다. 어쩌면 이러한 정신의 현재적 계승이 1987년 민주화 운동을 거쳐 시민운동으로 이어지고 있는지도 모른다. 2000년 이후 시민사회 성장속도가 둔화되는 현상을 보이는데 반해, 2006~2010년 사이에 55개, 2011년 이후 3년 사이에 21개가 창립되는 등 최근 들어서도 시민단체 창립이 비교적 활발하게 일어나고 있다. 이는 충북지역 시민사회가 활성화되어 있으며, 역동적인 상황에 있음을 말해 준다. 즉 시민사회단체의 활동력과 성장, 회원수와 자립적인 재정력, 다양성 등의 측면에서 충북은 변방성이 살아 있는 지역임을 확인 할 수 있다.

이러한 변화는 저절로 일어난 것은 아닐 것이다. 내적인 건강성을 유지하기 위한 치열한 활동가들의 고민과 헌신이 주변이라는 열등의식을 극복하고 지역 중심성을 세우기 위한 분권 균형발전 운동의 진원지 역할을 하고 있다. 또한 지역의 필요에 기초한 창조적인 의제와 방법을 창출하기 위한 혁신의 과정, 변화를 위한 새로운 시도를 주저하지 않는 도전 정신이 확산되고 있다. 변방이 변방에 머물지 않고 중원을 변화시키는 힘을 갖게 될 날을 기대해 보며『변방을 찾아서』를 덮는다.

변방이란 약자의 입장을 이야기하는 것으로 볼 수 있다. 우리 사회 마이너리티들의 이야기가 주류가 되고 중심이 되었으면 하는 기대도 함께 담고 있는 것이 변방이 아닐까?

행정가 시장과 정치인 시장

행정가들은 '행정'의 의미를 행정의 주체에서 찾으려 하는데, '사회의 공공가치 실현'이라는 목적에서 찾는다는 것을 인식하는 것이 중요하다. 이는 행정을 경영과 관리적 측면에서 인식함으로써 나타나는 공직사회의 수단중심적 행태의 일반화를 경계해야 한다는 의미인 것이다. 즉 행정의 개념을 '인적 물적 자원을 확보하고 관리해서 국민에게 재화와 서비스를 제공하는 활동'이라는 관리적 측면에서 이해한 것은 행정을 행정가가 중심이 되는 관리 중심적으로 사고한 결과이다. 이는 관료주의의 고착화로 행정과 행정의 파트너인 주민 간 소통을 방해하는 요인이 될 수 있다.

또한 행정의 주체가 누구라고 생각하는지도 중요하다. 행정의 주체를 정부로 생각하는가, 아니면 정부를 포함한 시민사회와 시장(市場)으로 확장해서 보는가는 행정을 하는 태도와 인식에 중요한 영향을 미친다. 현대 사회는 행정의 주체가 정부에서 시민사회, 시장으로 확대되어가고 있지만 행정관료들 사이에서는 이를 일반적인 경향으로 수용하지 못하고 있다. 행정은 행정가들의 고유 영역이라는 고착화된 사고가 여전히 지배적인 상황이다.

재원을 확보하고 자원을 관리하고 배분하는 측면에서도 행정은 경직성이 강하다. 일반 시민사회(civil society)나 시장(market)의 경우 현장 대응형 신속한 결정과 유연성이 보장되지만, 행정의 경우는 대부분의 정책결정과 집행, 인력과 재원의 확보 등에서 자율성의 범위가 협소하다. 법과 정치권, 시민사회의 규제와 통제 속에서 법과 규칙을 벗어난 새로운 결정을 하기가 어려운 것이다. 법에 의해 엄격한 제도적 통제를 받는 것과 함께 정당, 시민단체, 언론, 여론 등에 의해 일상적인 영향을 받으면서 스스로를 보호하는 수단으로 법과 규칙에 의존하는 현상이 나타난다.

이처럼 행정을 둘러싼 환경적 요인과 행정 내부적인 엄격한 위계를 바탕으로 한 관료제의 정착은 행정가들에게 행정을 관리적인 측면에서 접근하게 하고, 개방적이고 열린 행정에 임하기보다는 행정의 주체를 공공 행정조직 내부의 문제로 인식하게 하며, '사회의 공공가치 실현'이라는 행정의 의의를 망각하게 되는 원인이 된다.

　시민이 행정을 생각할 때 검정색을 떠올리는 이유는 무엇일까? 우선 검정색 하면 당당함, 엄숙함, 무게감, 자신의 본성을 숨기고 마음을 억제하며, 원초적, 폐쇄성, 답답함 등 다양한 느낌으로 다가온다. 이러한 이미지가 행정에 투영된 결과가 아닌가 한다.
　우리나라 행정의 역사는 권위주의 정권의 통치권을 행사하는 권위와 통제의 상징으로 인식되어 왔다. 서비스 행정, 거버넌스의 개념이 확립되지 않은 채 행정을 생각하면 친근함보다 권위주의를 먼저 떠올리게 된 것이다. 또한 행정은 주민의 참여에 의해 운영되는 것이 아니라 행정가들이 하는 것으로 인식하고 행정의 정보도 주민의 것이 아닌 행정가와 정부의 소유물로 인식하는 폐쇄성을 보여 왔다. 이런 현상은 행정이 국민을 속이고 정보를 독점하는 기관으로 인식하게 하였다. 무엇보다 심각한 것은, 행정은 법과 규칙이 지배하는 영역이며 법은 기본적으로 엄격하고 엄숙한 것이라는 관념을 심어준 것이다. 많은 시민이 행정기관을 방문하여 접하는 단어는 법과 규칙이다. 시민이 원하는 행정을 못하는 이유도 법과 규칙이고, 이러한 법과 규칙을 적용하는 행정가는 너무도 형식적이고 기계적이다. 인간적인 격려와 위로를 행정에서 받아본 경험이 거의 없다.
　청주시장은 행정가가 아니다. 행정가는 선출직 공직자인 정치인의 지시에 따라 정책을 수립하고 집행하는 전문 관료이다. 청주시장은 정치인이다. 공약을 내세워 권력을 획득하고 결과에 대해 책임을 지는 선출직 공직자이다.

그래서 행정가는 영혼이 없고 정치인은 영혼이 있다. 행정가는 결과에 대해 책임을 지지 않는다. 정치인은 결과에 대해 책임을 진다. 지금까지 청주시장에 도전한 인물을 살펴보면 정치인의 영혼과 책임윤리를 갖춘 경우보다는 행정가의 면모에 더 가까운 인사들이 반복해서 집권하는 경향을 보인다. 민선 지방자치 시대가 시작된 지 27년이 되도록 청주는 여전히 행정가를 시장으로 선택해 놓고 정치인 시장의 역할을 기대하는 이율배반의 상황이 지속되고 있다.

갈등을 해결하는 지혜와 역량

역지사지를 배우다

　나의 주장은 항상 선이고 공공성과 정당성을 가지고 있다는 생각, 상대는 기득권의 이해를 대변하는 믿을 수 없는 존재라는 불신의 마음이 가득한 상황에 직면하면 갈등은 극단화 되고 타협과 조정의 가능성은 낮아진다. 우리 사회는 갈등의 접점에 있는 정부 관료와 노조 간의 신뢰가 너무도 낮다. 문재인 정부의 사회적 대화기구인 경제사회노동위원회가 2020년 대통령이 참석하는 첫 회의를 앞두고 노동의 다양한 목소리를 담기 위해 위촉한 비정규직, 여성, 청년 대표들이 불참하면서 본회의가 무산되는 사건이 벌어졌다. 2020년 2월 19일 경사노위 산하 노동시간제도개선위원회가 '첫 사회적 합의'를 도출했다. '탄력근로제 단위기간을 3개월에서 6개월로 확대'하고 '근무일 사이에 11시간은 연속으로 쉬어야 한다는 11시간 연속휴식제도 도입'을 골자로 한다. 문재인 대통령은 "이해관계가 대치될 수 있는 문제들을 타협하면서 합의를 이룬 것은 내용 자체도 굉장히 중요한 합의이고, 나아가서는 그런 문제를 사회적 대화를 통해 해결한 첫 사례"라고 의미를 부여했었다. 그러나 노사정 사회적 합의 기구는 민주노총이 지도부의 참여의지에도 불구하고 내부 이견으로 불참하게 되고, 한국노총과 경영계 중심의 합의라는 취약성, 노사정간 신뢰 부족 등이 겹치면서 대통령이 참석하기로 한 회의가 무산되는 초유의 사건이 발생한 것이다. 이는 큰 의미를 부여하며 출범한 경사노위가 무력화되는 계기가 되었다. 이후 노정간 불신의 골이 깊어지고 의미 있는 사회적 합의가 재추진되기 어려운 조건이 형성되었다.

　공공성을 확장하면서 노사, 노정, 노노 갈등을 관리하고 조정하는 일은 지난한 인내의 과정이다. 수차례 진지한 논의 과정을 거쳐 합의된 사안들도 나만 옳다는 일방적 주장 앞에 파기되고 원점으로 되돌아가는 것을 보면서 합의 과정을 좀 더 세심하게 설계하고 운영하는 것도 중요하고, 합의가 이루어진 사안은 조금 불리하더라도 책임 있게 지키려는 노력이 노정간에 함께 있어야 미래 모두의 이익을 위한 더 큰 사회적 합의와 타협이 가능해질 수 있다.

　갈등 관리와 조정 업무를 보는 과정에서 지난날 시민운동을 하면서 대표자가 합의한 사안을 내 마음에 차지 않는다는 이유로 뒤집고 갈등을 장기화하며 감정의 골을 깊게 팠던 부끄러운 기억이 나기도 했다. 나의 신념과 이익도 중요하지만, 다양한 사회문제를 해결하기 위해서는 상대의 입장에서 한 번 더 생각해보고 발언하는 것이 갈등을 예방하고 해결하는 매우 중요한 변수로 작용한다. 상대의 문제와 지적을 자신에게 적용하여, 성찰하고 남을 배려하는 역지사지(易地

思之)의 마음이 문제 해결의 출발점이 될 수 있다. 사람은 자신이 당해보지 않고선 상대의 입장을 먼저 생각하는 지혜를 얻기 어렵다.

갈등을 관리하고 줄이는 역량

이 세상에 해결 불가능하거나 답이 없는 문제는 없다. 결국은 답을 찾아낸다는 믿음으로 이해 당사자와 논의를 지속하다 보면 누군가는 해결 가능한 답을 찾아낸다는 사실을 배우는 과정이었다. 이는 20년 장기 갈등사업장 콜트·콜텍, 단식 20일을 넘기며 극단으로 치닫던 국립생태원 비정규직 정규직화 문제, 도로공사 요금수납원 정규직화 과정에서 자회사와 직고용을 둘러싼 서울요금소 캐노피 장기농성 등 다양한 갈등 사례의 해결과정에서 알게 된 불편한 진실이었다. 너무도 장기간의 극단적인 갈등 과정에서 노사 간 쌓인 감정의 상처와 앙금이 큰 상태라 타협을 위한 더 긴 시간이 필요한 경우도 있었다.

갈등을 조정하는 일을 하는 사람은 이슈 그 자체보다 이슈를 대하는 태도가 더 중요하다. 권력이 있고, 의사결정 권한을 가지고 있는 사람이 진정성을 가지고 사회적 약자의 이야기에 공감하고 경청하는 태도는 정부정책의 신뢰성과 갈등을 조정하고 완화하는 데 중요한 영향을 미친다. 그런 의미에서 청주시의 리더들과 관계기관들이 시민의 다양한 소리를 형식적으로 듣지 않고, 귀 기울여 공감하며 잘 들으려 하는 태도가 중요하다.

갈등은 시간이 필요한 경우가 많아서 빨리 해결하려고 나선다고 모두 잘 해결되는 것도 아니다. 시간이 필요한 갈등도 있고, 갈등 자체가 새로운 에너지를 만드는 경우도 있다. 갈등이 없는 세상을 상상하기보다 갈등 속에 공존의 지혜를 배우는 것이 더 중요하다는 것을 우리나라 곳곳의 갈등현장을 통해 배울 수 있었다.

갈등으로 배우는 공존의 지혜

행정안전부는 지역 주민의 정책 결정과정 참여를 활성화하고 지자체 간 협력강화와 갈등해결 방안을 공유하기 위해 '협력·분쟁해결 분야'와 '숙의기반 주민참여 분야'에서 우수사례를 발굴하고 확산시키는 시도를 하고 있다. 2020년에도 숙의민주주의 우수 지자체 4곳, 갈등해소 우수 지자체 4곳 총 8곳 선정해 발표하였다.

먼저 지자체 협력·분쟁해결 분야의 우수사례 최우수 지자체로는 경상남도 거창군이 선정되었는데, 거창군 구치소 위치에 대한 주민 갈등과 관련하여 찬·반 주민대표, 거창군 및 의회, 법무부가 참여하는 5자 협의체를 구성하여 수차례 대화의 장을 마련하고 주민투표 실시를 통해 갈등을 원만하게 해결했다. 인천 부평구는 지역 내 마을 공동체에서 발생하는 갈등을 주민이 조정·관리할 수 있도록 마을갈등조정단 설치·운영 근거를 조례에 마련하고 주민조정가를 양성하는 등 주민참여형 갈등관리 시스템을 구축해 우수사례로 선정되었다.

 협력 분쟁에서 중요한 것은 단체장의 노력, 전담조직 구성·운영 여부, 계획 수립과정의 적절성, 이해관계자 의견 수렴 여부, 문제점에 대한 적극적 해결 노력, 타 지자체와의 차별성·독창성 및 타 지자체로 확산 가능성 등이다. 10년 넘게 지역사회의 주요한 현안문제로 자리매김한 소각장 문제는 어느 쪽도 해결책을 찾지 못하고, 서로간의 신뢰는 깨진 지 오래이며, 자치단체장과 행정기관의 의지와 역량에 대한 불신도 커져만 가고 있다. 이런 의미에서 거창군의 사례는 청주시의 정책방향에 중요한 시사점을 주고 있다.

 갈등이 없는 사회는 상상할 수도 없고, 그런 사회를 꿈꾼다면 민주주의를 이해하지 못하는 사람이겠지만, 갈등을 조정하고 관리하는 역량을 갖추지 못한 사람은 정치리더의 중요한 덕목을 갖추지 못한 것이라 생각한다. 갈등은 경청하는 것으로만 해결되지는 않는다. 갈등을 경험하고 조정해본 현장경험이 축적된 조정가가 필요하고, 집단갈등을 시스템으로 관리하는 제도적 기반도 마련되어야 한다.
 그러려면 갈등이 발생하지 않도록 정책결정 과정에서부터 시민의 의견을 잘 수렴하는 것, 중요한 정책을 결정할 때 비용 편익중심의 관점에 더해서 갈등영향을 미리 평가하는 갈등영향 분석 제도 도입, 이해 당사자들의 갈등이 첨예하게 나누어진 상황이라면 숙의 기반 공론화위원회 제도를 도입하는 등 주민 간 이견과 갈등이 합리적으로 조정되어 지역발전의 긍정적 에너지로 작용하게 만드는 것은 정치인 갖춰야할 기본적인 덕목이 되어야 한다.

협치와 숙의민주주의

세종대왕에게 배운다

세종은 의사결정을 할 때 4단계를 거쳤다고 한다. 1단계는 광문(廣問)으로 널리 들어본다, 2단계는 서사(徐思)로 숙고의 시간을 갖는다, 3단계는 정구(精究)로 대안을 만든다, 4단계는 전치(專治)로 대안이 결정되면 전념을 다해 추진한다는 것이었다.

세종의 의사결정 4단계는 '정책의 실패는 용인할 수 있어도 협치의 실패는 용인하지 않는다'는 말과 함께 오늘날에도 의미 있는 배움이다. 시민과 가장 잘 소통하고 협력하는 협치 도시로 청주를 위해 꼭 필요한 덕목이라 생각한다.

청주는 시민이 도시를 경영할 수 있는 자립역량과 실천적 경험을 많이 가지고 있다. 청주시의회는 전국 최초로 행정정보공개조례를 재정하여 행정정보가 행정기관의 전유물이 아닌 공공재로서 시민과 공유해야 함을 천명하였다. 행정의 폐쇄성과 비밀주의를 타파하고 투명성과 민주성에 기초한 주민참여로 이어지는 풀뿌리 민주주의의 초석을 놓았다.

　지자체 정책결정 과정에서 주민참여는 행정의 시혜가 아니라 시민의 당당한 권리이며 정책 형성단계에서부터 집행과 환류에 이르기까지 전 과정에 권리로서 참여를 선언한 시민참여기본조례도 전국 최초로 만든 도시도 청주다. 당시 시민참여기본조례제정 추진협의회 대표로 참여했거니와 조례를 만들어가는 과정은 민관협치의 가능성을 확인해주었다. 민간이 제안하고 청주시가 이를 수용하여 민관협의기구를 만들었으며, 조례안을 성안하는 과정에서부터 통과에 이르기까지 일관된 협력체계가 가동되었기에 가능한 일이었다. 최근 행안부에서 '국민참여 활성화 법률안'을 준비하면서 청주 시민참여기본조례를 모델 사례로 삼기도 했다.

　도시의 지속가능 발전을 위한 민관산학의 협치 모델인 녹색청주협의회도 전국적인 모델사례로 평가되어 왔으며, 역량을 갖춘 시민사회와 전문가들, 그리고 다양한 참여의 경험을 가지고 스스로 문제를 해결하고자 하는 열정넘치는 시민들이 함께하고 있다.

　청주시는 참여 경험이 있는 깨어 있는 시민, 다양한 분야의 전문가, 사람 중심의 협동경제를 지향하는 사회적 경제조직들, 풀뿌리 주민조직과 자원봉사 단체들, 다양한 시민의 목소리를 공론화하는 다매체 언론환경, 새로운 변화를 상상하고 도전하는 청년과 젊은 정치인 등 도시 혁신을 위한 민간영역의 자원들은 충분히 성숙해 있다.

행정과 리더의 생각이 바뀌어야 청주의 협치가 발전한다

문제는 협치도시 청주로 발전시킬 수 있는 행정의 수용성과 변화가 느리고 더디다는 것이다. 그 원인으로 전통적인 관료적 마인드에서 벗어나지 못한 관료엘리트 정치를 지목하는 시민들이 많다. 지난 24년간 행정관료 출신 단체장의 반복적 선출은, 기존 관료중심 행정문화와 시스템을 혁신하는 데 걸림돌이 됐고, 일하는 방식을 시민관점으로 전환하지 못하였다. 단체장의 마인드가 기존의 관성과 관행 행정에 머물러 있다 보니 행정혁신이 더디고 시민이 체감하는 공공서비스의 혁신도 기대하기 어려웠다.

이제 청주시의 행정도 기존의 관행에 안주하는 관료형 리더십 중심에서 벗어나 시민정치 시대로의 전환이 필요하다. 시민성과 혁신성을 가지고 국민이 주도하는 국민소통 플랫폼, 디지털 전환과 직접민주주의 확대 등 도전적인 변화를 추구해야 한다. 주민생활과 가장 밀접한 읍·면·동 단위별 주민자치회가 주도하는 지역계획을 수립하고, 주민이 직접 참여해서 청주시의 주요 정책을 결정하고 집행하는 등 참여의 효능감과 시민 각자가 도시의 주인이라는 자부심을 체험할 수 있는 기회가 확대되어야 한다.

숙의 민주주의에서 길을 찾는다

기술혁신과 디지털 사회로의 전환, 소셜 미디어의 등장 등은 정치

참여 문화의 근본적 변화로 나타나고 있다. 시민들은 더 이상 시민단체에 기대어 자신의 목소리를 대신 내달라는 요구를 하지 않는다. 필요하면 직접 주장하고 주민들을 조직하는 등 일상적 삶의 문제를 시민 스스로 해결하는 시대로 변화했다. 시민은 지역사회 정책 의제 형성의 중요한 주체가 되고 있다. 한 명의 인플루언서가 수천 명의 회원과 수십 년 전통을 자랑하는 시민단체보다 더 크고 중요한 역할을 감당해 내기도 한다. 이런 변화된 시대에 시민단체는 어떻게 대응하고 또 변화해야 할지 보다 근본적인 성찰이 필요한 시점이다.

특히 우리 지역 시민사회는 많은 성과에도 불구하고 시민의 정치 참여가 활발해지는 것에 비례해서 지역정치 혁신 주체로서의 역할은 점차 축소되고 있다. 다양한 영역의 활동가들이 실패를 두려워하지 않고 생활정치 영역에 도전할 수 있는 문화도 부족했다. 나를 던지고 지방정치의 한가운데로 뛰어들어 시민이 지역정치의 주체가 되는 제도와 시스템과 운영 모델을 만들려는 도전이 있어야 지역사회는 고착화된 보수성의 알을 깨고 젊은 도시 청주로 다시 태어날 수 있다. 시민사회의 역량이 생활정치 영역, 풀뿌리 주민자치 영역, 마을과 공동체의 영역으로 진화할 수 있다면 청주는 대한민국의 풀뿌리 생활정치를 선도하는 새로운 모델이 되고 표준이 될 수 있을 것이다. 충북과 청주의 시민사회는 분명 이러한 역량을 가지고 있다.

도시혁신은 기존의 방식을 답습해서는 실현되기 어렵다. 스스로를 부정하는 용기, 새로움에 도전하는 자신감, 반복된 실천을 통한

장인정신이 있어야 한다. 지방정치 리더는 관료적 안정성도 중요하지만 혁신적 변화를 선도하는 마인드를 갖추는 게 중요한 시대가 되었다. 선장이 항해를 할 때 기존의 방식만 고집해서는 어떠한 변화도 만들기 어렵기 때문이다.

지역혁신을 위한 **리더** 역량

지역사회 혁신의 3대 축

사회혁신은 글로벌 금융위기 이후부터 정부 혼자의 힘으로는 해결하기 어려운 복잡한 사회문제를 융합적 협력을 통해 해결하는 새로운 사회문제 해결 방법론으로 등장하였다. 우리나라에서는 사회혁신 생태계가 사회적 기업 양성을 중심으로 일어났으나 중앙정부 주도로 이루어져 혁신생태계의 구축에 장애가 되고 있다는 지적이 있다. 2000년대 중반 이후부터 지역공동체 발전을 위한 대안으로 사회적 경제가 논의되는 등 지역 수준에서의 사회혁신이 대두되었다. 앞으로는 사회적 경제 분야 이외에 비영리민간단체, 마을공동체, 소셜벤처, 스타트업 등 보다 다양한 행위자가 사회혁신의 주체로 성장할 필요성이 커지고 있다. 지역개발 및 주민 생활 관련 정책과 관리, 관리와 서비스의 연계가 요구되며, 지방정부는 주민의 행정 수요에 대해 정확하게 파악하고 사회문제 대응을 위해 지역사회와의 거버넌스 구축에서 사회혁신적 관점을 가질 필요성이 강조되고 있다. 지역사회 혁신은 광의의 의미로 '지역 행위자가 함께 지역의 문제를 해결하는 혁신'으로 정의할 수 있다. 따라서 지자체는 행정의 직접적인 역할이 필요하지 않을 수도 있으므로 지역사회 혁신에서의 정부 역할은 사회혁신의 인프라 구축과 생태계 조성에 국한되는 것이 바람직하다는 관점에서의 접근이 필요하다. 즉 지역혁신은 크게 관리·서비스 혁신이란 측면에서의 지방행정 혁신, 참여와 협력이라는 측면에서 지역사회 혁신, 자립적 지역경제 활성화 측면에서 지역경제 혁신이라는 세 가지 영역으로 살펴볼 수 있으며, 이에 따른 혁신

〈표1〉 지역혁신 영역별 혁신수단

지역혁신 영역	혁신의 수단
지방행정 혁신 (관리 및 서비스 혁신)	·공공서비스 혁신(맞춤형 서비스, 선제적·예측적 서비스, 공공 인프라 개선 및 확충 등) ·공공자원의 개방 및 공유(공공데이터, 유휴공간 활용 등) ·민관 협업 프로세스 ·일하는 방식 개선 (불필요한 일 버리기, 업무프로세스 개선, 부서 및 기관간 협업, 유연하고 탄력적인 조직 문화, 수평적 조직 문화 등) ·적극행정
지역사회 혁신 (참여와 협력)	·공동체 활성화(공유 및 기부 프로젝트, 비영리 사회적 경제 활동 등) ·시민역량 강화 ·시민참여 혁신 프로젝트(리빙랩과 같은 시빅테크 활동) ·참여와 소통 플랫폼 구축(온·오프라인)
지역경제 혁신 (지역경제활성화)	·공유경제(지역협동조합, 지역상권상생, 자원 공유 등) ·인재양성(4차산업교육, 시민교육, 학교교육 등) ·지역 일자리 활성화(골목상권, 귀농지원, 전통시장 활성화 등) ·지역혁신 생태계(지역산업 고도화, 신성장동력 확충 등) ·지역혁신 거버넌스(지역 행위자 중심 혁신 거버넌스, 산학연 네트워크 등) ·청년정책 및 청년창업지원

수단은 〈표1〉과 같이 구분하고 〈그림1〉과 같이 개념화 해볼 수 있다.

이상의 관점에서 생각해보면 청주는 지역사회 혁신의 조건이 잘 갖추어진 지역 중 하나라 할 수 있다. 지방자치 부활초기 청주는 지방행정혁신의 선두주자였다. 1993년 전국 최초로 만들어진 '정보공개조례'는 시민의 정보접근성과 공공정보 주권을 확립하는 역사적 사건이었다. 공공행정이 만든 정보는 시민의 것이고 시민이 필요할 때 정보를 공개하는 것이 정부의 의무임을 선언한 것이다. 행정 정보는 정보를 생산한 공무원들의 것이고, 시민이 행정 정보의 공개를 요구할 권한은 인정되지 않는다는 것이 당시의 공직사회의 보편적 정

〈그림1〉 지역혁신 분석 틀

서였기에 이 조례는 획기적이었고, 그만큼 공무원들에게는 심각한 충격을 주었던 것으로 기억된다.

2004년 9월 나의 제안으로 만들어진 전국 최초의 '시민참여기본조례'도 청주시 지방자치 역사에 있어 중요한 성과였다. 시민참여는 관이 용인하는 것이 아니라 권리로서 보장되어야한다고 정의하였다. 시민참여는 정책 결정의 참고사항 정도에 머물러서는 안 되고 정책의제 형성, 결정, 집행 전 과정에 참여가 보장되어야 한다는 것이다.

청주·청원 통합 과정도 주민투표 역사에 중요한 이정표를 만들었다. 4전 5기를 통해 통합이 결정되기까지 치열한 논쟁과 설득의 과정이 있었기에 더욱 중요한 의미를 갖는다. 여기에 더 중요한 것은 지역사회 미래와 관련된 중요한 의사결정을 소수 엘리트 정치인들이 아닌 주민이 직접 투표를 통해 결정해본 경험은 시민의 자치역량을 성장시키는 커다란 자양분 역할을 하였다.

시민의 자발성과 주도성이 관철되고, 정책이 숙의 민주주의로 결정되는 새로운 생활정치가 꽃피는 역동적인 청주의 모습을 상상해본다.

지방자치 부활 30년이 되고 있지만 시민은 여전히 관객인 도시에서 시민이 도시의 미래를 결정하는 주연역할을 할 수 있는 협치 도시로 전환되어야 한다. 그래야 수천 년 이곳에서 삶터를 일구어 온 사람들의 기억과 흔적들이 지켜지고 추억과 문화가 있는 도시, 과거와 현재와 미래가 모두 살아 있는 도시를 만들 수 있다. 시민과의 열린 소통으로 도시의 정체성과 미래성을 위해 지킬 것은 반드시 지키고

변화가 필요한 것은 과감히 혁신하는, 도시에 대한 분명한 철학을 가진 리더가 필요하다

혁신적 **상상력**이 도시의 미래를 바꾼다

깐깐한 청주 유권자들

청주는 천년이 넘은 도시로서의 정체성, 역사성, 상징성을 가지고 있다. 도시에 대한 이미지도 그리 나쁜 편은 아니다. 사람들은 정감 있고 남들이 듣는 자리에서 대놓고 모진 소리도 하지 않는 착하고 배려심이 있는 마음씨 좋은 사람들이 모여 살고 있다. 그래서 나도 청주에 정착하였고, 지역의 변화를 꿈꾸는 마음이 젊은 사람들과 어울리며 재미있고 편안하게 잘 살아왔다.

내가 청주에 첫발을 디딘 1986년 즈음에는 청주 인구는 30만 명 정도 였다. 35년이 지난 지금 85만의 인구가 살고 있는 대도시로 성장했다. 외지에 나가서 청주에서 왔다고 하면 배척당하지 않고 환영받을 정도의 긍정적인 이미지가 형성되어 있다. 오랜 세월 청주에 터를 잡고 살아온 이름 없는 시민, 정치지도자, 공직자들이 합심 노력해서 일구어낸 결과물이다.

그런데 마음 한편에서는 조금씩 답답함이 자리하고 있다. 청주시의 진짜 주인은 시민이 맞는가? 민선 7기를 거칠 만큼 민주주의는 나이가 들었는데 여전히 시민이 청주시의 중요한 정책결정 과정에 주인으로 참여하지 못한다는 생각이다. 문재인 대통령은 취임 3주년 특별연설에서 "기회는 찾는 자의 몫이고, 도전하는 자의 몫"이라고 강조했다. 또 "지금의 위기를 도전의 기회로 만들겠습니다. 우리의 목표는 '세계 속의 대한민국'을 넘어서 '세계를 선도하는 대한민국'입니다"라는 선언을 상기하며 청주를 생각해 본다. 우리는 청주의 민주주의를 위해 어떤 도전을 해왔는가? 누구도 가지 않은 새로운 길을 개척해 보려는 창조적 도전정신은 사라지고 인구 85만명, 규모가 좀 큰 지자체로 만족하고 있는 것은 아닐까 하는 생각이 들었다.

1995년 민선단체장 선거를 실시한 이후 청주시민들은 단 한 번도 단체장의 연임을 용인하지 않는 깐깐한 유권자의 자세를 견지해 왔다. 시민을 대하는 시장의 태도와 정책을 검증하고 시민의 힘으로 심판해 왔다. 그러나 시민들은 단체장과 정당은 한번도 거르지 않고 교체해 왔지만 매번 비슷한 성향의 관료 출신을 시장으로 선출해 온 것도 사실이다. 현실안주적 성향으로 시민의 기대를 충족하지 못하면 또 다른 행정관료 출신으로 교체한 후 여전히 비슷한 모습에 실망하며 또 다른 정당의 관료출신 단체장을 선출하는 일이 반복되고 있는 것이다. 다른 관점에서 보면 혁신적 마인드를 가진 참신한 지역 인재는 스펙과 인지도, 조직력과 재원이 모자라 본선 무대에 올라보지도 못하고 좌절하기를 반복해 왔다. 지역사회를 사랑하고 애정이 넘치는 사람은 많은데, 아래로부터 주민의 의견을 집약하고 지역사회를 창의적으로 혁신할 지역리더는 부족하다는 목소리가 높다. 어떻게 하면 우리 지역사회 혁신을 주도할 풀뿌리 지방자치 리더를 발굴 육성할 수 있을까?

충북의 지방자치 리더는 어떤 사람들인가?

우리 지역사회를 움직이는데 영향력을 행사하는 사람들은 어떤 사람들일까? 지역사회 권력의 정점에는 어떤 집단이 위치하고 있는지에 대해 체계적인 연구가 진행된 자료는 빈약하다. 다만 여러 학자의 산발적인 선행연구에 의하면 지방자치 시대 지역사회를 움직이는 핵심적인 권력을 단체장으로 지목하고 있다. 단체장은 지역사회의 중요한 정책결정과 예산집행, 주요 공직자의 인사권을 행사하는 핵심적 결정권자이기 때문일 것이다. 또한 단체장과 의회의 관계도 강시장 약의회제를 채택하고 있기 때문에 의회의 역할은 제한적이고 의원의 권한도 단체장에 종속적인 지위에 있다.

국가 차원에서는 경제권력이 국가 정책, 입법, 사법의 영역에 전방위적인 영향력을 행사하고 있어, 국가권력보다 시장권력이 우위에 있다는 주장이 제기되고 있지만, 지역사회의 경우는 경제권력의 영향력도 제한적이다. 토건산업 중심의 지역 토착 자본은 영세하고 행정권력에 의존적이고, 대기업의 경우 중앙권력에는 관심이 있지만 지방권력에는 무관심하며, 기업의 규모는 커도 본사가 아닌 생산기지 이상의 의미부여가 안 되다 보니 지방권력과 우호적 관계를 유지하는 것 이상 지역사회의 정치와 정책에 관심을 두지 않는 경향이 있다. 지역 국회의원은 겉으로 직접 드러나지는 않지만 단체장과 의원의 공천권, 중앙정부 예산 배분권에 영향력을 행사하면서 지역사회 정책결정 과정에 개입하고 있다는 점에서 중요한 권력주체의 하나라고 할 수 있다. 이와 함께 지역사회는 언론, 시민단체, 관변단체, 동문회, 종친회 등도 부분적인 영향력을 행사하며 지방권력의 주변부를 분점하고 있다. 또한 겉으로 드러나지는 않지만 검찰과 경찰 등도 지역사회에 영향력을 행사하는 핵심그룹이라 할 수 있다.

즉 지역사회의 정책결정에 영향을 미치는 리더 그룹의 정점에는 단체장이 있고, 동시에 지방정치의 중심적 지위를 점유하고 있는 지방의회 의원, 지역언론, 시민단체, 관변단체, 지역 국회의원과 정당의 책임자들이 지방자치 리더그룹에 속한다고 볼 수 있다. 이러한 많은 전문성을 갖춘 리더들이 있음에도 지방자치가 주민의 신뢰를 얻지 못하고 표류하는 이유에 대해 좀더 깊이 살펴볼 필요가 있다.

어떤 인물이 좋은 리더인가?

지역 리더란 지역의 문제를 스스로 고민하고 해결하기 위하여 노력하는 사람들이라고 할 수 있는데, 본래 지역의 문제는 소수의 지역민들일지라도 자기가 사는 지역의 제반 문제를 스스로 해결하기 위해서 진지하게 노력하고 실천에 옮길 때 해결될 수 있는 것이다. 스스로 문제를 인식하고 개선하고자 하는 의지가 없으면 외부 환경이 아무리 좋아도 지역사회를 변화시킬 수 없으며, 새로운 지역사회 리더로 성장할 수도 없다.

지방자치 리더는 국가의 논리와 시장의 논리를 넘어서는 공동체의 논리에 기초하여 지역사회 미래를 상상할 수 있는 사람이 아닐까 한다. 국가를 위해 주민의 권리를 제한할 수 있다는 사고는 권력의 남용, 획일주의, 집단주의로 귀결될 수 있으며, 중앙정부에 대한 의존적 사고를 극복할 수 없다는 한계를 갖고 있다. 모든 것을 경쟁과 효율의 가치로 사고하는 리더는 사회적 약자와 경쟁 탈락자에 대한 배려가 부족하고, 상위 1%의 경쟁력을 갖춘 기업과 주민만을 위한 정책을 우선하게 되는 문제를 유발할 수 있다. 일류대학, 일류직장, 규모의 경제, 대기업의 경쟁력을 위해 중소기업과 농업은 불가피하게 희생될 수밖에 없다는 식의 시장주의 가치, 성장중심의 사고에 기초한 정책을 시행하기 때문이다.

따라서 이러한 전도된 가치를 극복하고 국민이 행복해지는 정책, 지역의 지속 가능성을 고려하고 약자를 배려하는 정책, 공동체와 연대의 정신을 회복하고 마을 공동체를 복원하는 정책으로 전환되어야 한다.

이러한 관점에서 현직 단체장과 지방의원, 공무원에게 필요한 리더십은 ① 지방자치와 지역사회 문제가 무엇인지를 파악하고 이해하는 능력을 키우는 것, ② 국가논리와 시장의 논리를 극복하는 내발적 지역발전에 대한 비전 형성, ③ 주민의 입장에서 주민참여를 활성화하는 마인드를 갖는 것이다. 이 중에서도 특히 중요한 것은 더 이상 지방자치 단체장과 의원, 공무원이 주민 위에 군림하는 권력자여서는 안되고, 스스로 주민이어야 하고, 주민 이상의 권력을 행사하려는 권력의식을 가져서는 안 된다는 것이다. 또한 지방의원은 주민의 민원을 대신 해결하는 해결사 역할이 아니라 주민참여의 안내자가 되어야 한다. 내가 무엇을 해결하겠다는 것이 아니라 문제를 느끼고 있는 주민이 스스로 참여해서 해결할 수 있도록 도와주는 역할을 해야 진정한 지방자치 리더라 할 수 있다.

성공하는 지방자치 리더가 나오기 어려운 이유

정의로운 사회를 위해서는 그 사회에서 가장 취약계층에 있는 사람이 수용할 수 있는 수준의 불평등이 이루어지고, 가장 취약계층의 사람들이 만족할 만한 수준으로 복지 혜택이 주어져야 한다고 한다. 지방자치 의사결정에 있어서도 이상의 원리가 적용되어야 한다. 조직의 의사결정이나 회의에서 가장 영향력이 약한 구성원에게 만족할 만한 수준으로 참여의 권리가 제공될 수 있어야 한다는 것이다. 즉 참여의 권리가 많은 사람들(단체장, 의원, 재력가, 언론인 등)만 모여서 의사결정을 하는 것이 아니라 참여하기 힘들고 참여의 영향력이 약한 구성원의 참여가 보장되는 의사결정이 공정한 지역사회를 위한 토양이 되는 것이다.

지금 우리의 지방자치는 이러한 인식의 기반 위에 서 있지 못하다. 주민참여형 민주적 의사결정 방식을 경험하지 못했거나 관료 중심의 위계적 질서 속에 평생을 살던 인사들이 주도하고 있다. 단체장은 고위 행정관료 출신이 대부분이고, 지방의회는 성공한 자영업자와 비민주적인 권력구조 속에서 성장해온 직업적 정치인, 행정관료, 관변단체 출신이 대부분을 장악하고 있다. 지방자치는 주민의 삶의 질을 개선하는 것이고, 개발과 성장만큼, 아니 오히려 복지, 환경, 문화, 대중교통 등 사회적 약자의 이익을 실현하는 것이 더 중요한 가치라는 사고, 조금 부족해도 주민의 의견을 묻고 주민의 뜻에 따라 정책을 결정하는 것이 정의라는 생각이 매우 부족하다. 단체장과 의원들이 일상적으로 지역의 현안과 주요 정책에 대해 동네 곳곳을 다니며 타운미팅을 하고, 여기서 도출된 의견에 따라 정책을 결정하고 집행하는 문화가 거의 빈약하다는 것이다.

지방자치 리더로 성장하기 위해 제대로 된 준비과정을 거친 인사도 드물다. 시민사회의 다양한 민주적인 조직 속에서 지역사회 발전을 위해 고민하고 대안을 만드는 등 현장의 목소리에 기초한 생활 현장형 전문가를 우대하는 풍토가 형성되지 않고 있다. 마을단위의 민주주의를 실천하는 풀뿌리 조직의 기반이 취약하다. 마을의 공동체를 위해 헌신하고, 이견을 조정하고, 지역사회 공익을 위해 일해 본 경험 있는 마을리더 또한 매우 부족하다.

결론적으로 말해서 좋은 지방자치 리더가 성장하고 자신의 역량을 발휘할 기회를 얻기에는 지역사회 풀뿌리의 건강성이 매우 취약하고, 주민의 무관심으로 지역사회 봉사와 좋은 정책으로 승부하는 지방정치가 자리 잡기 어려운 여건에 있다는 것이다.

좋은 리더가 되기 위해 무엇을 준비해야 할까?

의존적 사고를 벗어나야 한다. 중앙정부, 행정관료, 중앙당과 도지부의 고위층이 어떤 생각을 하고 있는지에만 관심을 기울이고, 그들의 주장은 거부할 수 없는 강력한 권위로 생각하는 사대주의적 사고가 변해야 한다. 즉 개방성에 기초한 지역주권의식의 확립이라는 인식의 대전환이 필요하다.

브라질의 평범한 중소도시였던 꾸리찌바(Curitiba)가 '꿈의 도시', '희망의 도시'로 변화할 수 있었던 것은 자이메 레르네코 시장과 공직자들의 혁신적인 사고 그리고 시민들의 능동적인 참여가 있었기 때문이라고 평가되고 있다.

민관의 리더들이 파트너십을 발휘하여 지역의 비전을 제시하고 지역발전 계획을 수립하는 것은 물론 지역의 각종 자원을 발굴하여 효과적으로 활용함으로써 지역발전을 앞당길 수 있어야 한다. 또한, 지역 내·외부 인력 및 기관들과 상호 협력하고 연대를 형성하여 주민의 복리를 증진시키기 위한 실천적 노력을 하여야 한다. 이러한 노력을 통해서 공동체의식을 함양할 수 있는 주민학습의 기회를 늘리고, 지역 활동의 중심역할을 담당할 차세대 리더를 양성하며 각종 주민조직을 지원하여야 할 것이다.

또한 지역의 발전을 성취하고 유지할 수 있도록 리더들은 자율적으로 지식과 기술 그리고 겸손한 태도를 함양하는 역량강화에 힘써야 한다. 요즘과 같은 지식정보화 시대에 폐쇄적인 관점에서 예전에 배웠거나 얻은 지식과 정보 혹은 경험만을 고집해서는 생존하기 어렵기 때문이다.

준비된 지방자치 리더는 시민이 만든다

좋은 리더를 만드는 것은 그 지역에 살고 있는 시민이다. 시민이 지역사회에 무관심하고 자신의 이익만을 생각하며 내일보다 오늘에만 충실하게 살고 있다면, 미래 지향적인 비전을 가진 좋은 리더가 성장하기는 매우 어렵다. 시민이 참여하고 지역의 미래를 함께 고민하고 토론하고 실천적 대안을 만들어가는 모습, 상상만 해도 기분 좋은 일 아닌가? 충북NGO센터는 이러한 상상을 현실로 만들고자 지방자치 리더양성 아카데미를 개설했다. 지방자치 리더 양성 아카데미는, 시민 스스로 학습하고 더 나은 미래를 고민하지 않으면서 지역사회와 지방자치의 발전을 기대하는 것은 책임 있는 시민의 자세라 할 수 없다는 자각으로부터 출발하였다. 관료사회와 일부 명망가가 주도하는 형식적 지방자치를 열린 거버넌스 마인드를 가진 풀뿌리 지역일꾼이 가꿔 가는 생활자치로 전환시키려는 꿈과 비전의 구체적인 모델이라고 할 수 있다.

뉴 노멀 시대 청주시의 새로운 발전전략

그린스마트 시대 청주의 모습

코로나19의 세계적 확산은 우리의 일상을 비대면 사회로 급속히 변화시키며 디지털 문화에 익숙하지 않은 많은 사람들을 당혹스럽게 하고 있다. 그리고 이러한 변화는 공직사회에 더 큰 변화를 만들고 있다. 세상은 재택근무, 유연근무, 코워킹 스페이스가 일상이 되고, 정부 내에서도 디지털정부 혁신이 강조되고 공공데이터 개방과 공유, 정부의 공공서비스가 온라인 기반으로 급속히 전환되는 상황인데, 공직 내부의 의사결정 방식, 회의운영, 정보의 개방과 공유 등의 문화는 크게 변하지 않고 있었다. 그러나 코로나 팬데믹 이후 마스크 대란이 발생하는 등 예측하지 못한 문제에 직면하면서 정부도 매우 빠른 속도로 변화하기 시작하고 있다. 산업과 경제구조가 디지털과 그린을 중심으로 재편되고, 회의는 비대면 영상회의가 일상이 되는 등 뉴 노멀 시대가 하루아침에 다가와 버렸다. 이러한 시대에 청주시가 K뉴딜의 핵심수단인 디지털, 그린, 지역균형, 안전망 강화를 선도하는 지방자치단체로 발전하기 위해 무엇을 준비하고 어떤 대응역량을 갖춰야 할까?

첫째는 일하는 방식의 변화이다.

주어진 일을 각자 알아서 잘하는 아날로그 행정에서 디지털을 기반으로 부서 간 칸막이를 뛰어넘은 협업이 일상화되는 행정으로 전환되어야 한다. 협업을 장려하고 협력의 시너지를 내는 지방행정의 혁신모델을 만들어야 한다. 민·관 협치를 강화하고, 관료적 관행을 극복하는 적극행정, 공직사회의 변화를 선도하는 개방형 직위의 확대, 동장직선제 및 추천제 도입 등 공직사회의 일하는 방식에 일대 혁신이 필요하다. 일하는 방식의 변화는 기존 행정중심의 관행적 리더십이 변하는 데서 출발한다. 관과 민이 서로 불신하고 반목하는 문화를 극복하고 정책 공동생산자로 대등하게 협력하며 정책현장에서 체감할 수 있는 변화를 만드는 것은 공식사회의 일하는 방식이 소통역량, 거버넌스 역량, 디지털 역량을 갖추고 공직 내외부와 유연하게 협력하는 문화가 내면화되어야 가능한 일이다.

이는 하루아침에 가능한 일은 아니다. 단체장이 공직 내·외부와 일상적인 경청과 소통정치를 하는 것, 더 좋은 정부를 만들기 위해 노력하고 성과를 만들어낸 다양한 혁신사례와 경험을 학습하는 일, 혁신적 마인드와 아이디어가 있는 다양한 민간역량과 함께 일해본 경험 등이 종합적으로 작용해야 의미있는 성과를 만들 수 있다.

둘째는 도시 혁신이다.

스마트 시티가 도시 관리의 관점에서 접근하는 것이 아니라 시민의 이용 편의성, 삶의 질, 화석연로 최소화 등 도시의 지속 가능성을 진단하고 전환도시를 만드는 일을 추진해야 한다. 환경과 일자리를 동시에 해결하는 그린뉴딜의 지역적 모델 창출, 도시의 역사성과 정체성 보전, 도시의 지역순환과 자립성의 개선, 도시 의사결정의 민주성 확대 등 시민이 주도하는 시민 중심의 관점에서 도시를 상상하고 변화를 만드는 사회혁신의 가치와 실천이 중요한 때다.

셋째는 포용성장이다.

청주 하면 떠오르는 키워드를 조사하면 배려, 나눔, 깨끗함 등을 이야기하는 분들이 의외로 많다. 산업정책과 도시의 성장이 더불어 함께 살아가고자 하는 시민의 지향과 가치에 부합해야 한다. 공직자들은 새로운 개발정책을 결정할 때 '누구를 위한 성장인가'라는 질문을 제일 먼저 해야 한다. 당장의 경제적 이익이 있다 해도 성장의 과실이 특정 소수에 집중되거나 지역 주민의 생명과 건강을 위협하는 등 도시의 지속 가능성을 훼손하는 산업은 지양해야 한다.

그린뉴딜과 디지털뉴딜을 통한 디지털도시, 스마트 시티로의 전환을 시작해야 한다. 스마트는 단순히 정보통신 기술을 접목한 것에 그치지 않고 플랫폼 사업을 기반으로 사업의 가치사슬을 확장하고 사업생태계를 활성화함으로써 만들어지는 신산업을 의미한다. 따라서 스마트 시티는 도시에 정보통신기술을 접목하여 주민들의 일상적인 삶의 질을 제고할 수 있는 서비스가 제공되는 도시라 할 수 있다.

 현재까지 우리나라 스마트 시티는 방범·교통·재난·환경 등의 관리를 보다 효율적으로 한다는 의미로 이해되고 있다. 이는 시민에게 더 나은 서비스를 제공한다는 측면에서 의미 있는 시도인 것은 분명하지만, 도시 관리 위주의 별다른 사업모델 없이 예산사업으로 진행되면서 재정여건이 어려워지면 사업을 지속할 수 없는 한계들을 보이고 있다. 도시의 주인인 시민들의 필요와는 무관한 편의서비스 제공 위주의 사업은 세금만 투입되고 경제가 돌아갈 수 있는 사업구조는 존재하지 않기 때문에 서비스의 지속 가능성에 문제가 생긴다. 즉 민간의 플랫폼 비즈니스에 의한 스마트 서비스와 조화·협력체계를 만드는 노력이 필요하다. 도시 공간 자체보다 그 속에 살고 있는 사람들을 중심으로 도시를 넘나들면서 살아가는 사람들에게 스마트 서비스를 공급하는 사업모델을 만드는 것이 중요하다는 것이다. 경쟁구도 속에서 생존하는 사업생태계를 만들어내는 것이 스마트시티가 실제 구현되는 방향이라 생각한다

 포용적 성장은 성장을 지체하거나 거부하자는 것이 아니다. 경제와 복지가 균형을 이루는 상태, 탄소중립 시대를 대비하는 미래 신성장 산업의 발굴과 지원으로 사람을 먼저 생각하는 경제와 산업생태계를 만들자는 것이다. 광주시 그린에너지 분과장으로 활동하는 이순형 박사의 집처럼 태양광·지열·풍력 등 각종 스마트 기술을 적용한 에너지 자립 탈탄소 주택사업, 지역자산의 자원화로 지역순환과 자립경제를 지향하는 협동조합과 사회적기업의 확대, 지역화폐

의 활성화, 커뮤니티케어에 기초한 노인돌봄서비스, 농업기본소득과 농촌지역의 문화적 재생 등 다양하고 새로운 상상과 접근이 필요하다.

넷째, 지역사회 혁신역량의 강화이다.

지역을 변화시키는 주체는 결국 사람이다. 그러나 정부가 재원을 투자하고 일하는 방식은 당장 눈앞에 성과가 보이는 하드웨어와 R&D 중심으로 흐르는 경우가 많다. 더 근본적이고 지역의 잠재력과 회복력, 혁신성장에 필수적인 인적역량을 키우는 문제에는 소홀한 것이 현실이다. 이미 존재하는 인적자원을 소진하는 방식의 일을 계속하다 보면 공공성의 가치를 지키며 지역민과 동고동락하는 지역 인재의 고갈이라는 위기에 직면할 수도 있다. 지역의 미래를 생각하는 좋은 리더라면 멀리 보고 사람에 투자하는 정책에 관심을 기울여야 한다. 시민의 필요에서 출발한 생활의 문제를 해결하기 위한 아이디어를 시민들이 주체가 되어 생활현장에서 실험하는 리빙랩, 시민들이 숙의와 협업을 통해 자신들의 문제를 새로운 방법으로 해결해 나가는 문제해결형 사회혁신 플랫폼, 마을의 문제를 주민 스스로 발굴하고 해결하는 마을공동체 활동가 양성, 주민자치회가 스스로의 재원으로 지역의제를 선정하고 집행할 수 있는 기회를 제공하는 사업 등 아래로부터 직접적인 의사결정과 집행과정을 통해 시민주도 역량을 키우는 과정을 잘 설계하고 장기적 관점에서 투자하는 민관 협력형 재원을 마련하는 일까지 지역사회 혁신역량을 성장시키는 일은 매우 중요한 우선순위 정책이 되어야 한다.

시민의 사회적 책임성과 비판적 문제해결 역량을 발휘하기 위해서는 시민교육과 자원봉사 활성화도 중요한 과제이다. 민주시민의 가장 중요한 덕목이 나 혼자만의 윤택한 삶이 아닌 이웃과 함께하는 사회적 책임의식이며, 눈앞의 어려움을 외면하지 않는 것과 동시에 비판적 시각에서 사회의 불합리한 구조를 변화시키는 실천 활동을 하는 사람을 말한다. "민주주의를 지키는 힘은 깨어있는 시민의 조직된 힘"이라고 설파한 노무현 전 대통령의 선견에 십분 공감하거니와, 이러한 힘을 기르는 방법으로 자원봉사자 교육, 민주시민 교육, 평생학습 교육 등 다양한 시민교육 프로그램을 재구조화 하고 재설계할 필요가 있다. 시민교육기관의 운영 자율성을 높이고 민간의 개방적인 관점과 전문성이 교육과정에 반영되고 교육방법에 접목되기 위해서는 관련 교육기관을 운영하는 주체의 변화가 동반되어야 할 것이다.

공유·공존·공감의 가치와 도시혁신

청주를 새롭게 만들 상상력이 절실하다

모든 것을 개인이 각자 소유하는 경쟁과 불평등을 용인하는 문화에서 서로의 자원과 시간과 공간을 나누고 공유하는 문화가 살아있는 따뜻한 도시를 상상한다. 그런 도시를 꿈이 아닌 현실에서 만나고 그런 도시에서 가슴 따뜻한 시민들과 함께 살고 싶다.

내가 20여 년 살았던 사직1동 용화사 근처는 도시 속의 농촌처럼 고령 어르신들이 많이 살고 있다. 그래서인지 이웃들의 일상적 삶에 대해 이런 저런 관심도 많은 곳이다. 언젠가 내가 끌고 다니던 오래된 중고차의 연소통이 떨어져 덜렁거리는 채로 다녔는데 어느 날 소리가 안 나는 것이었다. 아내에게 무슨 일인지 물었더니 앞집 어르신이 철사로 잘 동여매주셨다는 것이다. 이야기를 들으며 마음 한켠이 따뜻해지는 느낌을 받은 기억이 지금도 가끔 떠오르곤 한다.

바보 같은 형도 있었다. 느림보라는 봉사단체를 만들어 운영하기도 하고, 최근에는 동네 분들과 집수리 봉사단을 만들어 주말마다 어려운 이웃들의 가려운 곳을 긁어주고 계신다. 가끔은 저 형님이 이 세상에 온 이유는 자원봉사 때문일 것이란 생각을 하곤 했다. 어느 날 이 형님이 집수리에 필요한 공구들을 모아 지역 주민들이 필요할 때면 언제든지 빌려주는 그런 공간을 만들면 좋겠다는 이야기를 들으며 참 좋은 발상이란 생각을 하였다. 그러나 시민단체 활동이 바쁘다는 핑계로 그 문제에 대해 더 진지하게 고민을 발전시키지 못하고 잊었다.

물건을 빌려 쓰는 도시의 공유경제

그런데 그 이야기를 나눈 지 얼마 지나지 않아 생활 공구 공유창고가 마을공동체 활동의 새로운 트렌드로 소개되는 것이었다. 더 나아가 동 주민센터마다 생활공구 공유창고가 만들어지고 공구 공유 이벤트도 진행되는 등 공유문화가 우리 삶 가까이로 다가오는 것이었다. 이처럼 지역문제 해결은 전문가들의 몫이 아니라 마을의 현장에서 주민의 불편과 어려움을 개선하려는 평범한 사람들의 시선에서 출발한다.

일상적인 생활의 도구를 나누는 것을 뛰어넘어 공유경제의 시대가 본격화 되고 있다. 공유경제라는 용어는 '물건을 소유하는 것이 아니라 서로 빌려 쓰는 경제활동'이라는 의미로 2008년 로렌스 레식(Lawrence Lessig) 교수가 처음 사용했다. 자신이 소유한 기술 또는 재산을 다른 사람과 공유함으로써 새로운 가치를 창출해내는 '협력적 소비'를 기반으로 하고 있다. 즉 재화나 공간, 경험과 재능을 다수의 개인이 협업을 통해 다른 사람에게 빌려주고 나눠 쓰는 온라인 기반 개방형 비즈니스 모델을 일컫는다. 자본주의 모순이 심화되면서 나타나고 있는 독점과 경쟁에 의해 사회 불평등을 심화시키는 경제가 아니라 공유와 협동의 가치를 담은 새로운 상생형 경제모델로 인식되고 있다.

공유경제를 널리 알린 것은 미국의 차량공유서비스 우버(Uber)와 숙박공유플랫폼 에어비앤비(Airbnb)이다. 최근에는 공유경제가 지식공유플랫폼인 위키피디아, 이노센티브(공동연구 개발플랫폼)에서부터 빈방, 자동차, 사무실, 주차장, 옷, 취미까지 전방위적으로 확산되고 있다. 물론 공유경제가 기존 시장경제 질서를 대체할 정도로 성장하는 것은 어렵겠지만 정보통신 기술의 발전 속도에 비례해서 우리의 일상적 삶의 영역에 다양한 형태로 영향을 미치게 될 것이다.

공유경제의 특징은 거의 모든 경제활동이 '개인 대 개인 간 거래'이다. 『위 제너레이션』의 저자 레이첼 보츠먼은 "공유경제 서비스는 SNS를 활용한 신뢰를 기반으로 작동한다"고 말했다. 『소유의 종말』의 저자 제레미 리프킨은 "공유경제는 생태학적으로 가장 효율적이며 지속가능한 경제로 가는 지름길이다"라고 주장했다. 시장의 교환가치가 사회의 공유가치로 대체되기 때문에 새로운 상품이 시장에서 덜 팔리고 자원도 덜 사용되고 지구 온난화 부담도 줄어든다고 본 것이다.

공유는 불평등을 개선하는 포용적 성장으로 발전해야

　이상의 긍정성에도 불구하고 공유경제는 예상하지 못한 새로운 사회문제를 만들어 내고 있기도 하다. 공유플랫폼 택시가 확대되자 기존 택시사업자와 기사들의 생존권을 위협하는 요인이 되고, 공유 전동킥보드는 보행자와 이용자 안전문제, 무단주차 문제를 발생시키고 있다. 또한 플랫폼 택시를 포함 공유플랫폼에 고용된 노동자들은 불안정한 고용구조, 저임금, 안전 등의 문제를 야기하고 있다. 공유경제의 장점은 이용자의 편의성으로 귀결되지만, 사회적 불평등과 불공정을 양산하는 단점이 있다. 소비자 편의성에 편향된 공유경제의 확산은 공존과 나눔의 가치가 경제적 효율성의 가치로 대체되는 문제점도 낳고 있다. 공유경제는 불평등을 개선하는 포용적 성장의 가치와 맞닿아야 그 의미를 살릴 수 있다.
　2050탄소중립을 실현하기 위해서는 재생에너지 생산과 유통, 교통수단, 건축과 공간 등 다양한 영역에서 공유경제가 확산되어야 한다. 청주가 공유경제를 기반으로 하는 혁신적 전환도시로 가기 위해서는 공유경제, 탄소중립, 스마트 기술과 동행하게 될 것이다.

공유경제는 공존의 바탕 위에서 꽃핀다

　공유는 우리 모두의 공존을 위해서도 중요하다. 미래사회는 인간과 인간의 공존은 물론이고 인간과 동물의 공존, 인간과 자연의 공존이 중요한 화두로 떠오르고 있다. 인간중심의 개발과 성장은 급격한 기후변화가 더 이상 용납하지 않을 것이다. 인류 스스로의 생존을 위해서도 공존의 가치는 점점 강조될 수밖에 없다. 반려동물은 이미 가족의 영역으로 들어와 있다. 동물복지의 개념과 가치도 명확해지고 있으며, 길고양이를 포함 야생동물의 생존 문제까지 관심의 영역이 확장되고 있다.

시민과 시민이 지역사회의 자원을 공동 이용하며 공존의 가치를 실현하는 것은 매우 어려운 난제 중 하나이다. 크고 작은 가치와 이해관계, 살아온 경험의 차이, 지위와 빈부의 차이 등이 이웃 간 불신을 만들고 갈등을 증폭시키는 경우가 많이 발생한다. 재개발 재건축, 도시공원 해제 등은 개발과 보존이라는 전통적인 가치의 충돌 이외에도 경제적 여건에 따른 세대 간 이해관계가 첨예하게 충돌하는 지점이다. 이러한 문제를 효과적으로 해결하고 마을과 지역공동체가 공존의 가치를 정착시켜 나가기 위한 방안의 하나로 이웃갈등분쟁센터, 마을관리소 등 소소하지만 주민 스스로의 역량으로 문제를 해결할 수 있도록 돕는 중간지원 조직들이 필요할 수도 있을 것이라 생각한다.

또한 사회주택 등 주거분야, 공동체 기반 돌봄서비스 개편, 공유자전거, 마을택배, 자율주행 자동차 기반마련 등 공유경제가 활성화될 수 있는 인적·물적 기반 강화 방안이 모색되어야 한다.

공유와 공존 공생은 공감이 있을 때 가능하다

　공유와 공존·공생은 공감을 조건으로 한다. 아무리 좋은 제안과 사회적 필요성이 있어도 신뢰에 기초한 공감의 문화를 만들지 못하면 치열한 갈등구조 속에 침몰할 수도 있다. 공감은 경청의 문화에서 출발한다. 많은 정치인들이 처음 정치를 시작할 때는 시민적 관점과 가치를 어느 정도는 가지고 있다. 그러나 시간이 지나면서 점점 주권자인 시민과 거리가 생긴다. 지금까지 살펴본 바로, 많은 정치인이 선거철에는 공감적 경청의 자세를 견지하지만 당선되고 나면 다양한 정보접근성이 강화되면서 시민과의 정보격차가 발생하기 시작하고, 시민의 이야기를 경청하기보다 자신의 주장과 말이 점점 더 많아지기 시작한다. 그리고 일정한 시간이 지나다 보면 더 이상 시민의 목소리를 듣지 않고 자신의 생각이 옳다는 확신이 강화되면서 자기주도적인 정책결정을 더 많이 하게 된다. 대리인에서 스스로 주인의 지위로 전환하는 것이다. 시민은 정치인의 말을 공감하지 못하고, 정치는 시민의 목소리에 공감하지 못하는 소통의 불화가 발생하곤 한다.

　공감의 문화는 시민의 참여가 일상이 되는 정치문화를 만드는 것에서 시작된다. 시민은 의견을 제안하고 행정은 수용여부를 판단하여 답하는 수동적 관계에 머무는 것이 아니라, 시민이 정책을 제안하고, 제안된 의제에 대해 시민 누구나 원탁의 주체로 참여하여 정책을 결정하는 일상의 민주주의가 자리 잡아야 시민들은 시정을 신뢰하게 될 것이다. 시민과 소통하며 협업을 중시하는 정부가 하는 결정이라면 시민도 공감하고 어려움을 함께 극복할 의지를 보이게 되는 것이 아닐까? 시민과 더 많은 정보를 공유하려는 단체장, 시민과 격의 없이 공론장에서 만나 토론하고 민관이 수평적으로 협력하는 도시를 만들고자 끊임없이 노력하는 단체장, 도시와 농촌, 세대, 생태와 환경, 전통과 현대, 온라인과 오프라인이 상호존중하며 공존하는 문화를 만들고자 하는 의지와 지향이 분명한 시민의 대표가 만들어가는 청주시가 공감과 공론에 기초한 공유와 공존의 도시로 가는 유쾌한 상상을 해본다.

공유와 공생의 가치를 실천하는 상생충BOOK

서점은 일반 자영업과는 조금 다른 의미가 있다. 서점이 사라지면 동네에 도서관이 사라지는 것과 같다는 말을 하기도 한다. 서점은 한 도시의 독서 문화 증진을 위한 기반시설로서 책과 독자의 만남, 저자와 독자를 연결하는 커뮤니티 기능을 하고 있기 때문이다. 동네서점은 지식과 정보를 접하는 학습 공간, 만남과 추억의 공간, 책 읽는 즐거움을 알게 하는 공간이라는 점에서 지적 감성으로 문화생활을 즐기는 곳이라 할 수 있다. 그러나 동네서점의 가치를 아무리 잘 포장해도 온라인 서점과 대형서점에 밀려나 우리 주변에서 동네서점은 하나 둘 자취를 감추고, 몇몇 남아 있는 서점도 고사 위기에 내몰려 있다. 그동안 여러 가지 의미부여에도 불구하고 동네서점은 다른 자영업과 마찬가지로 자본주의 시장경쟁에서 도태될 수밖에 없는 존재라는 인식이 지배적이었다. 행정기관, 정치권, 시민사회 그 어느 곳도 관심을 기울이지 않는 문제였다.

그래서 역사 문화도시, 직지의 도시 청주를 서점과 출판사가 없는 삭막한 도시로 만들어서는 안 된다는 문제의식을 가진 사람들이 모였다. 작은도서관, 서점, 시민단체, 출판사, 지역작가들이 힘을 모으기 시작했다. 시민들이 자발적으로 동네서점 이용하기 캠페인을 시작하였으며, 작은도서관들은 동네서점에서 책을 구입하기 시작했다. 작고 소중한 움직임은 결국 2016년 6월 21일 지역문화의 실핏줄을 유지하고, 시민의 독서문화 진흥에 기여하며, 지역경제의 선순환 구조를 만드는 운동을 이끌어갈 지역출판동네서점살리기협의회(후에 '상생충BOOK협의회'로 명칭을 변경했다. 통상 '상생충BOOK'으로 부른다)를 발족하였다. 상생충북은 동네서점, 출판사, 작가, 도서관, 시민단체가 상생 협력하여 지역출판사와 동네서점의 지속 가능성을 확보하자는 시민문화운동으로 출발하였다.

상생충북 운동에 대한 지역사회의 관심은 민간에서 공공기관으로 확산되었다. 청주시의회, 청주시 도서관평생학습본부, 충청북도교육청이 상생협약을 체결하고 동네서점 살리기 운동에 동참하였다. 특히 청주시는 2017년부터 공공도서관에서 구매하는 책을 동네서점 23곳을 통해 수의계약으로 구매함으로써 가장 실질적인 도움을 주고 있다. 이는 2014~5년도 청주시 도서구매 현황을 보면 불과 6개 업체에서 66%를 납품하였으며, 매장이 없는 전문 납품업체에서

47%를 납품하는 등 대부분의 동네서점은 공공도서관에 납품할 기회조차 없었다고 한다. 청주시의 획기적인 도서구매 정책의 변화는 고사위기에 있던 동네서점에겐 가뭄의 단비와도 같은 효과를 발휘하고 있다. 이러한 노력은 충청북도 교육청도 함께하고 있다. 교육청 산하 도서관과 학교도서관 도서구매에서도 동네서점에 우선권을 줄 수 있는 방안을 적극 모색하기 시작했다.

서점들도 지역출판사와 작가들의 책을 서점에 전시 판매함으로써 상생협력을 실천하고 있다. 그동안 지역출판사들은 책을 발행해도 유통망을 갖추지 못해 판매의 어려움 겪고 있었는데 동네서점의 협력으로 지역작가의 책이 독자를 만날 수 있는 기회가 만들어진 것이다.

이번 기회를 통해 청주와 충북에 동네서점이 늘어나고, 지역출판사도 생존하는 등 지속 가능한 시스템이 마련되었으면 하는 기대를 해본다. 우선 청주시를 포함 충북도내 모든 지자체, 그리고 충청북도 교육청 산하 각급 도서관에서 구입하는 도서는 동네서점에서 구입하는 것을 원칙으로 하는 안정적인 체계가 마련되어야 한다. 둘째, 충북문화재단, 기초자치단체 등이 작가들에게 도서 발간 비용을 지원하는 경우에는 지역출판사에서 책을 제작하도록 적극 유도해야 한다. 셋째, 지역출판산업 진흥에 대한 지자체의 관심과 지원이 필요하다. 현재 상태로는 지역출판사의 생존이 불가능한 상황이다. 이에 출판사들이 1년에 단 몇 권이라도 기획출판을 할 수 있도록 기획비와 디자인, 유통비용 지원 제도의 도입이 필요하다. 지역의 독서문화 진흥을 위해 묵묵히 희생해온 출판사들이 하나둘 사라지는 것을 무관심하게 바라보기만 해서는 청주가 문화도시로 발전하기는 어렵지 않을까 한다. 끝으로 동네서점과 작은도서관 출판사 등 독서관련 문화 인프라에 대한 시민의 관심과 참여가 필요하다. 조금 불편하더라도 서점에 가서 우리 지역과 이웃의 이야기가 있는 책을 구입하는 시민들이 확대되었으면 하는 희망을 가져 본다.

토목에서 **건축**으로, 시민이 만드는 도시

도시를 디자인하다

대규모 택지개발과 획일적인 아파트 건축으로 대표되는 토건개발 시대 관성에 기초한 건설행정은 도시의 기억과 역사와 흔적, 장소의 개성과 멋을 지우고 있다. 천년의 역사를 간직한 고도 청주시의 현실을 생각하면 답답한 마음이 앞선다. 21세기 청주를 살아가고 있는 우리는 미래 천년을 생각하며 무엇을 남기고 있는지를 생각해야 한다. 지난 청주의 역사적 기록과 흔적을 지우고 그 자리에 경제적·물질적 욕망을 충족하는 수단으로 고층빌딩과 아파트 건설에만 치중해오다 보니 도시는 아파트와 무질서한 고층 빌딩들로 정체성을 상실해 가고 있다. 전면 철거 재개발, 대규모 택지개발 중심의 건설행정은 과거 100년 전에 청주에 사람이 살고 있었다는 증거조차 찾아내기 어려워지게 만들고 있다.

도시 계획가들은 이 땅에서 살아왔던 선조들의 삶을 현세대와 미래세대는 어떻게 기억할지, 무엇을 남기고 무엇을 새롭게 창조해야 할지 시민들에게 질문을 던져야 한다. 기억보전, 생태문명과의 조화, 보행, 경관과 지역균형, 안전과 소통이라는 철학적 가치를 세우고 일관성 있는 문화적 관점에서 도시정책을 고민하고 접근해야 한다. 도시계획 단계에서부터 실질적인 주민참여형 계획수립 원칙을 확고히 해야 하고, 도시 행정을 운영하는 전 과정에 도시의 지속 가능성이 최우선의 가치로 자리 잡아야 한다. 이를 위해서는 무엇보다 행정 공무원의 마인드가 변해야 한다. 법규와 규정에만 매몰되어 도시공간 전체의 조화를 생각하지 못하는 건축행정은 도시의 조화로운 발전을 해침으로써 '의도하지 않는 공범'이 된다.

도시경관과 문화를 살리는 공공 건축

공공건축가 제도의 도입

청주시청 주변에 고층빌딩, 도시 경관과 시민의 조망권을 고려하지 않는 빌딩들이 우후죽순 들어서는 것은 도시의 미래를 고민하며 도시공간 구조에 대한 계획을 미리 세우지 못한 단편적인 행정이 원인이다. 또 법규와 조문에만 의존하는 관료중심적 행정 관행을 용인하는 무사안일한 행정문화도 크고 작은 영향을 미치고 있다. 건축행정이 아파트를 빨리 많이 지어 공급하는 것이라는 관점에서 접근하면 외곽중심의 대규모 택지개발사업이 중심이되고 이는 도시를 살아 있는 공간구조로 보는 것이 아닌 물적 재산 축적의 수단으로 생각하는 경향을 강화시킨다. 도시는 환경파괴, 자산격차 확대, 지역간 불균형 심화라는 문제를 확대재생산하게 된다.

　이러한 문제를 개선하자는 취지로 도시재생뉴딜 사업을 포함 다양한 영역에서 공공건축가 제도가 많은 지자체에 도입되어 있지만 형식에 그치는 경우가 대부분이다. 그 이유는 공공건축가에게 건축행정에 관여하고 의사결정에 영향을 미칠 정도의 권한부여가 안 되기 때문이다. 단체장이 중요한 결정 권한을 공공건축가에게 위임하고 도시 건설과 건축 인허가 과정에 실질적인 자문을 받도록 만들어야 속도와 이윤중심의 건설행정에서 문화적 관점이 살아 숨 쉬며 지역공동체와 상생하는 공공성과 예술성을 갖춘 다양한 건축물들이 도시 공간을 채워갈 수 있을 것이다. 다음으로 공공건축가를 발굴하고 선정하는 과정에 시민의 참여를 보장하고 시민이 원하는 전문가를 발탁하는 것이 중요하다. 단체장과의 친소관계가 일부 이익집단의 이해관계에 좌우되는 방식으로는 공공건축가제도가 제대로 자리 잡기 어렵다.

청주 미래유산 100선

　도시의 문화적 정체성이 흔들리는 것은 시민들이 합의한 도시의 미래상이 불명확하기 때문이다. 새롭게 재창조해야할 것과 지킬 것은 반드시 지키는 정체성을 분명히 해야한다. 청주 미래유산 100선을 시민 참여적 방식으로 결정하고 함께 반드시 지킬 자산으로 등록하는 것도 하나의 방법이 될 수 있다. 건설의 관점에서 도시를 보면 직선화와 고층화로 귀결된다. 이윤과 효율성의 가치가 지배하기 때문이다. 도시는 꼭 직선일 이유가 없다. 지역과 위치에 따라서는 곡선과 역사성을 더 중요시해야 할 곳도 많이 있다. 주택은 주거 공간을 뛰어넘은 삶의 흔적이 남아있는 곳이란 관점에서 도시건축과 문화를 상상해 나가야 한다. 프랑스는 오래된 서까래, 창문 등이 있는 집이 최근의 신축 건물보다도 더 가치를 인정받는다고 한다.

상생과 협치로 시민이 꿈꾸는 생명존중의 도시로 발전하기 위해서는 도시계획과 건축분야의 대대적인 혁신이 필요하다. 일정 규모 이상의 현상설계는 건축심의위원회의 심의를 받게 하고 심사위원을 선 공개하여 공공성과 책임성을 강화해야 한다. 공공건축가의 역할을 정비하여 민간건축자문, 현상설계의 기획과 심사, 건축가의 공적인 역할 강화가 필요하며 도시공간 개선을 위한 새로운 거버넌스 조직과 단체장의 정책적 판단을 도울 수 있는 총괄건축가 제도 등의 도입을 검토할 필요가 있다.

사람 중심 도시재생과 청주다움의 회복을 위해

독일 출신의 철학자 한나 아렌트(Hannah Arendt)는 "폴리스는 지리적으로 자리 잡은 도시국가가 아니다"라고 말했다. 폴리스는 사람들이 함께 행위하고 말함으로써 발생하는 사람들의 조직체이다. 그래서 네가 어디로 가든지 간에 너는 폴리스가 될 것이라는 말로 도시는 살아가는 사람들의 것임을 강조하고 있다.

그러나 현대사회에서 도시는 사람들의 삶의 공간이라기보다는 물질적 가치 증식의 수단이자 경제적 욕망을 충족하는 수단이 되고 있다. 도시의 정체성과 도시다움에 대한 가치보다 성장을 통한 물질적 가치, 재산증식의 수단으로 도시를 바라보고 있다. 이는 개별 토지 주택 소유자만의 문제가 아닌 무주택자에서부터 공적가치의 보루라 할 수 있는 지방자치단체의 시각도 마찬가지이다.

재개발·재건축이 정주하는 주민의 주거안정과 만족도를 높이는 경우는 별로 없다. 전면 철거와 고층 아파트 공급 중심의 구도심 재개발이 지속되면서 도시의 매력을 낮추고 원주민을 거리로 내몰며, 조합원의 경제적 이익도 담보하지 못하는 부정적 효과들이 반복되고 있다. 다행히 청주시는 도시·주거환경 정비구역 해제절차를 완화하는 '정비구역 등의 해제기준'을 마련하였다. 핵심 내용은 토지 등 소유자 40% 이상이 정비구역 해제를 신청한 경우 청주시가 서류의 적정 여부를 검토한 뒤 바로 도시계획위원회 심의로 넘기는 등 해제절차를 단순화 한다는 것이다. 또 추진위나 조합이 설립된 후 1년 이상 위원장과 조합장 공백으로 운영이 중단되거나 총회를 2년 이상 열지 않은 지역의 경우는 시장이 해제를 검토·판단한 후 주민설명회 개최, 주민의견 조사(60일), 도시계획위원회 심의 등을 거쳐 해제할 수 있게 하면서 우암동 등 일부 지역의 재개발 대상지가 해제되는 등 정비구역 지정 이후 장기간 고통받는 주민의 입장에서 보면 환영할 만한 제도 변화이다.

아쉬움도 있다. 정비구역 해제를 위해서는 매몰비용이 가장 큰 걸림돌로 작용하고 있는 만큼, 매몰비용에 대한 지원확대 방안도 함께 제시돼야 제도 개선의 실효성이 담보될 수 있다. 이와 함께 도시 및 주거환경 정비사업 추진 과정에서 주민갈등과 원주민 재정착 문제가 부가되고 있지만, 보다 심각한 문제는 원도심의 역사·문화적 가치를 훼손하고 도시를 획일화된 아파트 숲으로 개조하는 것에 있다. 현재대로 재개발·재건축이 추진되면 청주는 매력 없는 도시가 될 것이 너무도 명확하다. 관계의 단절을 상징하는 아파트만 무성하게 자라난 도시에서 시민들은 어떤 감동과 감성적 자극을 받을 수 있을지 의문이다.

구도심의 낙후된 주거환경은 개선돼야 하지만, 전면 철거나 재개발이 유일한 답은 아니다. 정부정책도 도시재생으로 옮겨왔다. 도시의 역사와 매력은 고층빌딩과 아파트를 통해서는 높아지지 않는다. 진정한 도시다움은 김승수 전주시장의 주장처럼 '지킬 것은 반드시 지킨다'는 리더의 명확한 방향제시가 중요하다.

'도시재생과 도시다움'에 대한 전주시의 사례는 많은 시사점을 준다. 성매매업소 밀집촌을 문화적으로 재생하겠다는 목표 하에 도시재생팀 사무실을 현장으로 옮겨 근무하게 하고, 재래시장 담당 공무원을 상가번영회 사무실에서 일하게 하는 등 행정부서를 필요한 현장으로 파견하는 혁신적 시도가 있었다. 도시다움을 위해 재개발 매몰비용을 전주시가 지원하는 조례 제정, 과감한 도로 다이어트, '도시는 엄마'라는 관점에서 밥 굶는 아이를 위한 아침 도시락 배달 등도 좋은 사례이다. 중요한 것은 '지킬 것은 반드시 지킨다'는 시장의 철학을 기초로, 도시는 사람을 담은 그릇이자 기억의 총합이란 관점에서 개발과 성장의 압력을 이겨내고 지속가능 도시를 지향해 가고 있다. 앞으로 전주시가 도시재생으로 문화관광, 경제발전이 연계되는 결과를 어떻게 만들어 낼지 궁금하다.

우리 청주는 지역의 혁신역량이 어느 정도 갖추어진 곳이다. 관건은 지자체가 시민 스스로의 사회문제 해결을 돕기 위한 제도와 인프라, 재원을 보다 과감히 지원하는 것이다. 사회혁신도 사람이 하는 것이라 사회혁신가 육성과 민관의 혁신체계 형성, 혁신 아이디어의 개방적 수용 등 민·관 협력이 지속된다면 우리 지역에서도 새롭고 유용한 혁신 사례들이 다양하게 만들어질 수 있을 것이다. 내년에는 지역의 혁신사례가 폭넓게 소개되고 타 지역으로 확산되는 컨퍼런스가 되었으면 한다. 혁신은 복제가능 해야 하고 시스템화 되어야 의미가 있기 때문이다.

청주다움이 무엇인지 청주시장은 분명한 방향을 제시하고 도시의 정체성을 형성해 나가야 한다. 그리고 이는 도시계획을 담당하는 공직자, 지방의원, 시민단체, 그리고 삶의 터전을 일구고 있는 주민들 모두가 함께 고민해야 할 숙제이다. 모든 도시는 그곳을 살아온 사람의 역사이다. 그래서 역사도시의 공간과 거리는 직선이 아닌 곡선이며, 다양한 건축물들은 수천 년 살면서 만들어온 기억의 재생이다.

당장의 이익을 위해 100년 전 청주에 사람이 살았는지조차 모를 정도로 역사와 문화의 기억을 지워버리는 우를 범하지 않았으면 좋겠다. 도시재생이 지역을 문화적으로 재생하고 청주다움을 강화하는 방향으로 추진되도록 힘과 지혜를 모아 나갔으면 한다.

탄소중립, 에너지 자립 도시

생존의 문제로 다가온 인류의 핵심과제 '탄소중립'

문재인 정부가 추진하고 있는 그린뉴딜 사업은 단순한 선택의 문제가 아닌 인류와 기업, 시민의 생존에 관한 관점에서 접근해야 한다. 2050탄소중립 선언을 실현하는 핵심적 수단이자 미래 성장 동력과 지속가능한 일자리를 만드는 일과도 연관되어 있다. 기존의 대량생산과 소비라는 삶의 패턴을 유지하면서 스마트 기술을 활용한 에너지 전환이라는 단순한 접근으로는 목표에 도달하기 어려운 숙제이다.

제레미 리프킨 미국 경제동향연구재단 이사장은 "지구의 화학적 구성이 크게 바뀌는 임계점을 넘어설 때마다 대규모로 종들이 사라졌다"며 "지금부터 80년 내에 지구 생물종 절반 이상이 사라질 수 있으며 현재 6번째 대멸종을 경험하고 있다"고 밝혔다. 이어 "앞으로

20년 내에 모든 국가가 탄소기반 문명에서 벗어나야 하며 지구 평균 기온 상승폭을 1.5℃ 이내로 제한하지 못하면 홍수, 가뭄, 산불, 허리케인 등 기후재앙이 연속적으로 발생할 것"이라며 "역사상 최소 7번의 대규모 경제패러다임 전환이 있었으며 이는 커뮤니케이션 혁명, 새로운 에너지원, 새로운 이동·운송수단 등 3가지 요소가 한 번에 갖춰졌을 때 발생한다"고 강조했다. 이와 같은 3요소의 만남은 사회의 일상적 경제·사회생활·거버넌스의 양상을 완전히 바꾼다. 리프킨 이사장은 이를 '인프라 혁명'이라고 칭하며 이것이 인간의 시공간적 인식에 영향을 준다고 설명했다. 즉 이와 같은 인프라의 변화가 생활하고 일하는 공간을 바꾸고 비즈니스 모델과 거버넌스를 전환시킴으로써 세계관을 전환하게 된다는 것이다.

지자체 단위의 에너지 자립계획 수립이 필요하다

우리는 인류의 생존과 직결된 거대한 전환의 시기를 맞이하고 있다. 기후위기를 멈추기 위한 과감한 도전과 실천이 요구되고 있다. 그린뉴딜은 2050탄소중립사회로 나아가기 위한 거의 유일한 수단이며, 탄소중립이 미래산업과 경제 발전의 원동력이 될 수 있어야 한다. 이를 위해 에너지 전환, 고탄소 산업구조 혁신, 미래모빌리티 전환, 도시국토 저탄소화를 중심으로 도로, 교통, 건축, 식생활 등 우리 일상의 모든 분야에서 탈탄소 사회로 가는 정의로운 전환이 요구되고 있다.

우리나라도 2050탄소중립을 목표로 2050탄소중립 추진전략을 발표했다. 3대 추진전략으로 경제구조의 저탄소화, 신유망저탄소산업 조성, 탄소중립사회로의 공정전환을 제시하고 있다. 우리 사회는 화석연료에 의존하는 에너지 생산체계의 근본적인 변화를 요구받고 있다. 2019년 기준 전세계 재생에너지 비중이 26%에 달하지만 우리의 재생에너지 비중은 5.5%에 불과한 실정이다. 정부가 목표로 하는 2034년 신재생에너지 비중 25.8% 달성을 위해서는 가야 할 길이 멀고, 현재의 중앙집중식 공급체계로는 도달하기 어려운 목표일 수 있다. 에너지 생산과 공급체계가 중앙집중식 원거리 전송방식에서 지역자립형·분산형 에너지 공급체계로 전환되어야 하는 만큼 각 지자체별 에너지 자급의 중요성이 커지고 있다.

광주광역시는 2021년 2월 25일 '탄소중립도시 추진위원회'를 출범시키고 에너지전환, 건물, 수송 및 교통, 자원순환, 농축산, 흡수원 6개 부문에서 94개 사업에 총 7589억 원을 투입해 온실가스 배출량 전망인 947만t의 10.5%인 100만t 감축을 목표로 하는 '2045 탄소중립 에너지 자립도시' 추진 원년 실행계획을 발표했다. 그동안 113개 시민·사회단체는 기후위기 비상행동을 결성해 탄소중립에 대한 시민들의 다양한 아이디어를 제안하고 광주광역시의회는 '그린뉴딜 특별위원회'를 구성해 지원했다. 이를 토대로 시, 교육청, 시의회, 시민사회단체 등 각계 대표들이 참여하는 민·관 협력 거버넌스의 탄소중립도시 추진위원회가 출범하게 된 것이다.

광주광역시 탄소 중립 원년 실천계획

에너지 전환 부문	• 시민참여형 친환경 신재생 에너지 대폭 확대를 위해 '내가 쓰는 전기는 내가 만들어 쓰기'의 일환인 1가정 1발전소 갖기 운동 • 'ESS 규제자유특구' 민간중심의 새로운 비즈니스 모델 창출 • 시민들이 직접 참여·출자하는 '시민햇빛발전소' 설치 • 마을단위 에너지 자립을 위한 '에너지 전환마을' 조성
건물 부문	• 국·공립 어린이집과 노후 공공임대아파트 '그린 리모델링' 사업 • 공공부문 '에너지 목표관리제'를 실시(기준 배출량 대비 32%감축)
수송 및 교통 부문	• '무인공공 자전거 시스템'을 시범 운영 • 수소·전기차 보급 확대 및 노후 경유차 조기 폐차 지원 등 친환경 교통수단을 확대
자원순환 부문	• 하수처리장 등에 태양광 발전시설을 설치 • 온실가스 모니터링시스템 – '환경시설 탄소중립 프로그램' 운영
농축산 부문	• 친환경 도시농업 육성을 위한 친환경 유기질 비료 공급
탄소흡수원	• 10분 거리에서 가족과 함께 즐길 수 있는 생태·휴식공간을 제공하기 위한 3000만 그루 나무심기

시민주도형 탄소중립 실천

    청주시도 다른 지역의 앞선 흐름에 뒤처지지 않도록, 청주를 청주답게 만들어가기 위해 신재생에너지 기반의 에너지 자립전략을 적극적으로 추진해야 한다. 특히 친환경에너지 생산을 위해 꼭 필요한 태양광발전시설 입지와 관련한 갈등을 선제적으로 관리하는 것도 중요하다. 괴산과 태백, 전남 신안 등으로 확산되는 태양광발전의 성과를 지역주민과 나누는 이익공유제를 다양한 방식으로 확산하는 노력도 필요하다. 지자체가 부지와 인프라를 투자하고 민간과 지역

주민이 지분, 채권과 펀드투자로 참여하는 방식 등 다양한 선택지를 제시해야 한다. 특히 협동조합 등 사회적 경제조직과 NGO들이 주도적으로 참여할 수 있도록 제도와 여건을 개선하는 노력을 지자체가 적극적으로 해야 한다. 재생에너지 사업이 주민의 소득 증대와 사회적 경제 조직 등의 시민자산화 사업에 기여한다면 일석이조의 효과를 거둘 수 있다. 또 기업RE100 가입 확대에 이어 시민들이 탄소중립에 구체적인 실천 목표를 가지고 참여하는 시민RE100클럽 가입 등 민·관이 협력할 수 있도록 측정 가능한 실천지침을 만들어야 체감 가능한 성과를 만들 수 있을 것이다.

지방자치 혁신과 포용적 성장, 새로운 리더십

2017년 1월 스위스 다보스에서 열린 세계경제포럼이 발표한 세계 위험보고서에 의하면 '경제적 불평등, 사회 양극화, 환경위험'을 향후 10년 동안 지구촌 최대 위협요인으로 전망하면서 이를 극복하는 주요 화두로 '포용적 성장과 발전(inclusive growth and development)'을 제시하였다. 또한 세계경제포럼은 신자유주의가 만들어낸 전 지구적 위기를 극복하기 위해 이전과는 다른 관점인 공공성 기반을 재구축하고 강화하는 체제 전환이라는 혁신적 변화를 주요 과제로 제시하였다. 사회혁신은 기존의 주체인 국가와 시장이 하던 관점과 방식으로는 풀지 못하는 정치·경제·사회적 난제를 해결하기 위한 새로운 시도로 제기되었다. 사회혁신은 공공성 강화와 민주주의 성숙, 수평적 거버넌스 등의 가치에 동의한 각 주체와 지역의 필요를 중심으로 기존 제도와 생활양식을 넘나드는 다양한 층위의 새로운 실험과 도전방식을 말한다. 따라서 최근의 사회혁신 흐름은 공공성 회복과 강화를 위한 정부의 역할, 수평적이고 자유로운 시민사회의 역할이 조화를 이루는 연대와 협력의 방식에 주목하고 있다.

2017년 5월 취임한 문재인 정부는 사회혁신을 국정과제의 새로운 방향으로 제시하고 청와대에 사회혁신 수석실을 신설하는 등 사회혁신을 정부혁신의 중요한 의제로 부각시켰다. 서울시는 국 단위의 사회혁신기획단을 설치하여 시민참여형 문제해결, 융합적 문제해결, 체감형 공공정책, 협치 지향적 행정혁신 정책을 총괄하면서 서울혁신파크, 디지털혁신파크 등 혁신 거점을 조성하였다. 동시에 마을공동체, 사회적 경제, 도시 재생, 청년수당, 공유도시, 원전 하나 줄이기, 찾아가는 동 주민센터 등 다양한 사회혁신의 가능성을 실험하고 있다.

우리 지역은 어떠한가? 아무리 긍정적으로 생각해도 세계적인 흐름은 물론이고 타 지역에 비해 앞서간다고 말하긴 어렵다. 협치의 시대에 중요한 결정은 여전히 단체장과 관료 중심이고 시민은 관객의 지위를 벗어나지 못하고 있다. 사회적기업, 마을만들기, 협동조합 등 사회적 경제 모델을 통한 사람중심의 경제, 지역 선순환 경제 시스템을 만들기 위한 지역사회 혁신 실험은 민간의 높은 열정에도 불구하고 지자체의 지지와 지원을 거의 받지 못하고 있다.

경제정책은 여전히 외부 자원 투입형 개발계획에 치중하면서 지역의 자립과 선순환적 관점은 후순위에 밀려나 있다. 민·관 협치의 사례로 주목받는 사회적 경제, 마을만들기 중간지원 조직이 가장 늦게 만들어지거나 없는 지자체가 제일 많은 곳이 충북이다. 관이 모든 것을 주도하고, 전문가는 자문만 하고, 시민은 정책의 수혜 대상이라는 낡은 패러다임이 굳건히 유지되고 있는 것이다.

이제는 낡은 틀을 깨고 나와야 한다. 일상적 삶의 영역에도 공공성을 강화해야 한다는 목소리가 정부정책에 반영되어야 한다.

양적 성장 중심 경제모델에 머물러 있는 공공의 관점을 시민들의 사회적 삶의 질 향상에 기여하는 포용적 성장 전략으로 전환해야 한다. 성장 그 자체보다 어떠한 성장인지가 중요하다. 4차 산업혁명 시대를 살아가기 위해서는 개발과 획일성의 문화에 익숙한 관료 중심적인 관점에서 탈피하여 탈성장, 다운 시프트, 윤리적 소비, 업사이클링, 공유가치 실현 등 대안적 삶에 관심을 갖고 공동체에 기여하는 문제해결형 리더십으로 전환되어야 한다.

지방자치 혁신은 공공(公共)을 공공답게 만드는 것에서 출발해야 한다. 문재인 정부의 국정목표와 같이 '시민 개개인이 시정의 전 과정에 참여하여 정책을 같이 만들어가는 수평적 거버넌스, 권력자 한 사람의 정부, 엘리트 중심의 정치가 아니라 시민의 뜻이 실현되는 협치와 통합의 지방자치 시대'로 한 발짝 더 나아가야 한다.

사회적 경제를 지역사회 혁신의 거점으로

전 세계가 코로나19 팬데믹을 겪고 있는 현재, 우리는 앞당겨진 미래를 준비없이 맞이하며 혼돈과 대전환의 시기를 보내고 있다. 우리 사회와 경제를 지탱해 왔던 기존 시스템에 대한 근본적인 질문이 시작된 것이다. 이는 청주도 마찬가지다. 도시를 바라보는 관점, 도시를 유지해온 경제도 지속 가능성의 측면에서 지역자립과 순환, 사람 중심의 사회적 경제 중요성이 커지고 있다.

야당의 반대로 사회적 경제 기본법 제정이 늦어지고 있지만 우리 사회에서 사회적 경제가 차지하는 비중과 중요성은 점점 커지고 있다. 경제성장의 과실이 소수 대기업과 플랫폼 경제에 집중되면서 사회불평등과 일자리 불안이 높아지는 것에 비례해서 사람 중심의 새로운 가치를 중시하는 사회적 경제에 대한 관심은 지속적으로 확산될 수밖에 없다.

재벌 대기업의 경영이익은 역대 최대를 기록하고 있지만 이것이 우리 사회에 가져다주는 낙수효과는 점점 미미해지고 있다. 대기업

중심, 플랫폼 경제에 대한 회의가 확산되는 가운데, 지역사회 혁신성장의 새로운 거점으로 사회적 경제와 소셜벤처 등 대안경제가 주목받고 있다. 사회적 경제가 청년이나 일생 이모작을 준비하는 신중년, 그리고 새로운 발상과 아이디어로 지역문제를 해결하고자 하는 로컬크리에이터들에게 관심을 받는 이유는 무엇일까.

사회적 경제란 어떤 경제인가

시장경제가 개인의 이기심을 전제로 경쟁을 통해 효율성을 추구하는 것이라면, 사회적 경제는 개인의 상호성을 전제로 협력을 통해 연대를 추구하는 것이다. 사실 사회적 경제는 시장경제보다 더 오랫동안 인류와 함께해 왔다. 원시부족마다 공통적으로 나타나는 식량 공유의 습관이 대표적이다. 시장경제는 19세기에 자본주의가 등장하면서야 우리 곁에 자리 잡기 시작했다.

그럼에도 불구하고 우리는 경제라고 하면 시장경제가 전부이며, 경제활동은 당연히 이기적인 것이라고 생각했다. 물론 인간에게는, 그리고 사회 속에는 이기적인 측면도 있다. 하지만 그런 측면만 존재하는 것은 아니다. 특히 최근 전 세계적인 코로나 팬데믹, 기후 위기, 에너지 위기가 확산되면서 경제 회복이 더디고, 소득 양극화가 심화되면서 경쟁을 강요하는 시장경제의 문제점이 부각되고 있다. 동시에 그에 대한 반대급부로 사회적 경제에 대한 관심이 커지고 있다.

사회적 경제는 시장과 국가의 바깥에 존재하며, 자발적이고 민주적이며, 전체 공동체의 보편적 이익을 지향하는 경제라고 포괄적으로 정의할 수 있다. 그럼 구체적으로 사회적 경제 안에는 어떤 기구들이 포함될까? 대체로 경제적 목적(수익 창출)과 사회적 목적(구성원이 합의하는 공동체의 보편적 이익)을 동시에 추구하는 기구로서 협동조합, 상호공제조합, 사회적 기업, 마을기업 등이 포함된다. 나라에 따라 경제적 목적은 전혀 추구하지 않은 채 사회적 목적만을 추구하는 자선단체나 비영리 단체까지도 사회적 경제 안에 포함시키기도 한다.

최근 급부상하고 있는 협동조합은 사회적 경제의 대표 주체 중 하나이다. 협동조합의 기본은 모든 조합원이 출자금을 지출한다는 데 있다. 이는 노동이 자본을 고용한다고 표현할 수 있다. 일반 기업에서는 고용주인 자본이 거두는 수익을 최대화하는 것이 목적이다. 하지만 협동조합에서는 노동, 다시 말해 조합원이 고용주가 되고 이들에게 돌아가는 보상을 최대화하는 것이 목적이 된다. 그래서 협동조합은 수익만을 추구하지 않으며 공동체 의식, 지역사회에의 기여도 추구하게 된다. 일반기업보다 노동자의 고용 안정성이 보장되는 것 또한 당연한 결과이다.

사회적 경제가 대안일 수 있을까?

경쟁을 통한 이윤추구라는 시장경제가 전면화 된 사회에서 공유경제를 표방하며, 이윤추구보다 상호협력과 연대성, 지역사회와 공동체성을 강조하는 사회적 경제가 생존할 수 있는 환경이 될 것인지에 대한 의문이 존재한다. 설령 사회적 경제가 일부 경쟁력을 확보해서 생존하다 할지라도 이는 시장경제의 문제를 극복하는 대체제가 아니라 시장경제의 문제를 보완하는 보완제적 성격을 넘어서기 어렵다는 지적도 계속되고 있다. 그러나 극단화되고 있는 빈부격차, 노동의 소외, 대기업의 일자리 창출 능력 상실 등의 근본적인 문제가 해결되지 않고 오히려 고용불안이 심화되는 상황에서 시민들은 불가피하게 스스로 문제를 해결하기 위한 자구책을 마련할 수밖에 없는 현실로 내몰리고 있다는 점에서 사람과 사람의 관계, 지역 자원 활용, 사회적 약자들의 공동 협력하는 협동사회 경제에 대한 정치·사회적 관심과 지지가 높아지는 것은 필연적인 과정이다.

따라서 사회적 경제가 대안이 될 수 있을 것인지에 대한 논쟁보다 절박한 지역민의 생활상의 필요를 충족시킬 수 있는 영역을 중심으로 협동조합, 사회적 기업, 사회연대 금융 등 시장의 영향력을 벗어난 자립적이고 자율적인 협동경제 시스템의 구축에 나서야 한다.

꼭 이렇게 거창한 것이 아니어도 좋다. 지금 우리 동네에서, 지금 나에게 무언가 필요한 것이 있다면 협동조합으로 해결할 수 있다. 동네에 마을버스가 필요하다면 마을버스 협동조합을 만들자. 지역신문이 필요하다면 지역신문 협동조합을 만들자. 어린이집이나 대안학교를 만들 수도 있다. 협동조합과 같은 사회적 경제가 많이 생길수록 우리 사회 전반에 깔리는 운영원리 또한 경쟁이 아니라 협동으로 변화할 수 있다.

사회적 경제의 권위자인 이탈리아 경제학자 스테파노 자마니 교수는 "협동조합은 상상의 산물"이라고 했다. 무엇이든 상상하는 것을 이룰 수 있으며, 때로는 우리가 상상하지 못한 것도 이룰 수 있다. 우리가 상상하는 만큼 세상이 바뀐다는 믿음으로 지금 당장 착한 경제를 상상해보자.

사회혁신 거점공간 마련과 사회적경제 지원체계

청주는 사회적가치를 실천하는 많은 사회적 경제조직들이 지역문제 해결과 사회적 약자의 지속 가능한 삶을 위해 활동하고 있다. 그러나 국가의 사회적 경제 육성 지원 정책의 중간 전달자 역할을 넘어서는 지자체 차원의 적극적인 지원 노력은 부족하다. 사회적 경제 지원조례는 전국 지자체 중 가장 늦은 21년 9월에서야 유영경 청주시의원의 발의로 제정되어 아직 시행도 되지 않고 있다. 사회적 경제에 대한 이해와 관심이 부족하다 보니 사회적기업진흥원에서 설치하는 사회적기업성장지원센터도 대부분의 광역에 설립하였으나 충북과 청주만 사각지대로 남아 있다.

향후 사회적 경제가 청주시의 혁신 거점 역할을 할 수 있도록 하기 위해서는 민과 관 모두의 공동과제가 되어야 한다.

이를 위해 서울시에 있는 사회혁신 거점 여섯 곳을 소개한다. 사람과 사람을 잇는 네트워크로 시너지를 내거나 갓 창업한 신생 기업을 단계별로 지원하고, 일정 궤도에 오른 기업이 큰 성과를 내도록 돕는 등 방법은 다양하지만, 사회혁신의 주체가 될 수 있도록 지원한다는 점은 같다. 서울의 혁신 거점에서 만들어진 생태계가 작은 아이디어를 커다란 사회혁신으로 바꿔가고 있다.

혁신 플랫폼의 시작점 '서울혁신파크'

서울혁신파크는 시민이 혁신가가 되어 사회문제를 주체적으로 해결하고, 그런 혁신가가 한자리에 모여 소통, 협력하여 시너지를 내는 국내 최초의 사회혁신 플랫폼이다. 매번 방문할 때마다 변화의 공간으로 재탄생하고 있는 모습을 보며 부럽다는 느낌을 가지게 된다.

서울시는 2013년 은평구 녹번동 옛 질병관리본부 자리를 사회문제 해결을 위해 혁신파크로 탈바꿈시킬 구상을 시작했다. 서울시사회적경제지원센터, 서울시청년허브 등 중간지원조직들이 먼저 자리를 잡고 2016년부터 입주단체를 모집하고 건물 리모델링을 거쳐 지금의 혁신파크가 완성됐다.

2021년 9월 말 기준 미래청 43개, 상상청 52개 등 18개 주요 공간에 102개 그룹이 상주하여 다양한 활동을 함께 하며 시너지를 내고 있다. 네트워크 활동 외에도 다양한 자체 행사를 여는데, 9월에는 온&오프라인 건강주치의 서비스를 시작했고 10월에는 3주에 걸쳐 사회혁신포럼을 진행했다. 혁신파크 내 미래청 2층 등은 누구나 이용 가능한 공용 공간이며, 피아노 숲 등 야외공간 역시 시민에게 열려 있다.

청주에 이 정도 규모는 아니어도 사회적 경제 조직과 시민사회 혁신가들이 자유롭게 상상하고 혁신을 실험할 수 있는 공간을 만들었으면 하는 바람을 가져본다.

사회적기업의 성장터 '소셜캠퍼스 온'

소셜벤처 아이디어 경연대회와 사회적 기업가 육성사업을 거친 청년 사회적 기업가들의 성장터이자 혁신공간이다. 소셜캠퍼스 온은 효과적인 성장 솔루션을 제공하고 다양한 사회적 자본을 연계하는 성장지원 플랫폼을 목표로 한다. 입주 자격은 청년 소셜벤처, 사회적기업가 육성사업 창업팀, 사회적 협동조합 등 사회적 경제 기업에게 주어진다.

성수동에 위치한 '소셜캠퍼스 온 서울 1센터'는 70개 창업 기업의 업무공간과 세미나 진행이 가능한 중회의실이 있고 OA 장비 지원과 소셜라운지 공간도 제공한다. 그리고 공간뿐 아니라 △자금 투자 연계 지원 △여러 기관과의 협업 촉진 △내부 역량강화를 위한 성장지원 프로그램 등의 도움을 받을 수 있다. 영등포의 제2 센터에도 현재 69개 기업이 입주하고 있다.

또한, 소셜캠퍼스 온은 다양한 사회문제 해결 가능성을 보고 복권기금에서 국내 최초로 사회적기업을 지원한 사례이기도 하다.

사회적경제조직이 창업에서부터 성장과정 전반에 경험과 아이디어, 투자금까지 연계지원이 가능하다는 장점이 돋보인다.

서울창업허브 성수

서울시 산하 서울산업진흥원에서 서울시 소재 우수 창업기업 육성을 위해 마포, 창동, 성수에 서울창업허브를 조성하였다. 그중 성수IT종합센터를 리모델링하여 지난해 7월 개관한 '서울창업허브 성수'는 감염병·건강·안전 등 도시문제 해결을 위한 우수기업을 발굴하여 집중적으로 육성하는 플랫폼이다.

서울시 산하 기관 네트워크가 활발하다는 장점이 있으며, 다른 플랫폼과의 차이점은 이미 성장의 궤도에 올라 성과를 낼 준비가 된 기업을 대상으로 한다는 점이다. 모집 기준에 따르면 1억 이상 투자유치를 받았거나 2019년도 이후 5000만 원 이상의 투자를 받은 창업 7년 이내의 기업을 대상으로 한다.

입주기업에는 독립형 사무공간과 공용 공간을 제공하고 성장을 위한 역량강화 프로그램, IR과 액셀러레이팅 프로그램이 준비되어 있다. 또한 임팩트 투자 매칭을 위한 임팩트리포트 제작도 지원한다.

현재 23개 협력 파트너 기관과 연계하여 18개 우수조직을 발굴하여 지원하고 있다.

새내기 소셜벤처의 첫걸음을 지원하는 소셜벤처허브

서울시, 한국자산관리공사(캠코), 한국장학재단, (재)공공상생연대기금 간 공동협력으로 2019년 5월 1일 설립했다. 소셜벤처를 집중 육성하는 전문 시설로 기업 간 협력의 거점 공간으로서 네트워크 촉진의 역할을 한다. 사무실과 기타 공간을 제공하며 투·융자 연계, 민간 전문기관(액셀러레이터)을 통한 기술 개발과 제품 상용화, 세무·법률 컨설팅까지 맞춤형 서비스를 제공하는 목표를 가지고 있다.

최장 12개월까지 이용 가능하여 현재 9개 기업이 졸업했고, 제로 웨이스트를 위한 용기 리턴 서비스를 하는 ㈜잇그린을 비롯한 12개 사가 입주해 있다. 소셜벤처허브 자체에서는 크라우드펀딩 지원사업이나 스타트업·소셜벤처를 위한 재무회계 아카데미 등의 프로그램도 진행하고 있다.

헤이그라운드 – 체인지메이커들의 커뮤니티 오피스

사단법인 루트임팩트에서 만든 헤이그라운드는, 체인지메이커가 발전하도록 돕는 공간이다. 이곳은 자기가 인식한 사회문제를 해결하기 위해 끊임없이 나아가는 사람을 '체인지 메이커'로 정의하고, 그들을 모아 연결하고 성장할 수 있는 환경을 제공하기 위해 조성된 곳이다. 임대 공유 오피스이지만 멤버 모두를 체인지 메이커로 신뢰하고, 차이를 자연스럽게 받아들이고 존중하며, 상호 협력을 통해 더 빠르게 성장하기를 기대한다는 내부 문화를 존중하는 것을 기본 전제로 한다.

자율적으로 사업 성공에 필요한 아이디어, 기회, 인적 네트워크를 공유하고 스스로 성장을 만들어 나간다는 점이 가장 큰 특징이다.

사회적경제 거점도시 청주가 되려면 당사자들의 노력도 중요하지만 지자체, 선배기업, 시민사회 등 다양한 주체들이 공동 협력하는 모델을 만들어 가야 한다. 사회적 경제 발굴에서 창업, 육성, 성장 등 생애주기에 맞는 지원과 협력 생태계를 조성하는 데 있어 위 서울시의 거점공간은 많은 시사점을 준다.

지역사회 변화 촉진자, 사회혁신가 육성 필요

　복잡하고 다변화된 사회에서 정부나 관료의 역량만으로 우리 사회가 제기하는 다양한 문제에 효과적으로 대응하는 것은 어렵다. 따라서 기존의 관행화된 방식과는 다른 관점에서 지역사회를 바라보고 새롭게 부상하는 사회적 기술을 활용하여 사회문제를 해결하고자 하는 혁신적 시도들이 확산되어야 한다. 사회혁신은 사회적 문제에 대한 인식(충족되지 않은 욕구 파악)으로부터 시작하여 그 문제를 풀어가는 데 있어 기존의 아이디어와 방법이 아니라 새로운 아이디어와 방법을 가지고 새로운 과정을 통해 문제를 해결해 나가는데 있다. 이와 관련 영국의 사회적 혁신을 주도하는 Young Foudation의 제프 멀건(Geoff Mulgan)은 '사회혁신은 사회에 큰 영향을 줄 수 있어야 하며 이를 위해서는 복제 가능한 모델과 프로그램이 되어야 한다'고 주장했다. 즉 사회혁신은 기존 방식으로 풀 수 없는 문제를 새로운 발상과 방법으로 해결하는 것으로 공동체적인 협력, 복제 가능한 기술, 네트워크 등을 통해 제도의 혁신, 의식의 혁신, 참여를 통한 혁신을 이루는데 있다.

　청주시는 이상의 사회혁신을 추진해야할 필요성과 잠재력이 충분한 도시이다. 청주시는 2016년 한국공공자치연구원이 전국 지방자치단체를 대상으로 경영자원, 경영활동, 경영성과 3부분으로 나눠 조사한 지방자치경쟁력 조사에서 1위에 올랐다. 특히 청주시는 생산 가능인구, 행정구역, 교통인프라, 공유재산과 등록문화재 등 경영

자원부문에서 경쟁력 1위에 올랐다. 젊은 도시이고 역동적인 변화가 가능한 도시라는 것이다. 재정 규모 또한 2022년 본예산 3조 원을 넘기며 전국 기초 자치단체 4위, 전국 6대 100만 대도시권에 포함될 정도의 인구와 도시 면적 등에서 높은 경쟁력을 가지고 있다.

그러나 수치상으로 높은 점수를 받고 있는 청주시이지만 극복해야 할 과제도 산적해 있다. 단체장은 항상 행정관료 출신이고, 공직사회는 기존 관행을 답습하는 관료주의 경향을 보이고 있다. 경영자원은 좋은데 경영활동의 혁신성이 부족하여 시민이 체감할 수 있는 경영성과를 내지 못하고 있다는 것이다.

시민들은 혁신성이 부족한 청주시에 대해 답답함을 호소하고 있다. 청주시도 지역사회 필요와 시대적 요구를 담기 위한 노력은 하고 있다. 문제는 이해 당사자들이 이러한 계획의 주체가 되지 못한다는 데 있다. 문제 해결 방식이 행정주도 패러다임 내에 머물러 있다는 것이다. 반면 서울시는 청년정책 개발에 청년당사자, 청년정책의원, 전문가, 시 부처별 국·과장 등이 참여하는 타운 홀 미팅 등 201회 모임에 연인원 2380명이 참여하는 충분한 논의 과정을 통해 청년정책을 도출하였다. 사회적 경제 분야도 마찬가지이다. 청주시는 정부 정책의 집행자 역할에 머물러 있는 반면, 서울시는 주민성장 지원을 위해 마을지원 활동가, 자치구 중간지원 조직 활동가, 마을 강사, 주민참여예산위원, 마을계획 촉진가, 도시재생활동가 발굴과 육성 등 시민을 혁신가로 키우는 정책을 시행하고 있다.

청주시도 이제 혁신인력 양성에 나서야 한다. 변화를 원한다면 사람에 투자하라고 했다. 지역사회 문제를 새로운 발상으로 해결하고자 하는 혁신가들을 발굴하고 육성하는 데 더 많은 관심이 필요하다. 청주에는 시민사회, 사회적 경제, 중소기업, 원도심, 대학 등 다양한 분야에서 더 나은 미래를 위한 꿈을 꾸는 사람들이 존재한다. 이들을 사회혁신가로 성장시킬 수 있는 제도, 관심, 재원 투자의 혁신이 있어야 한다. 아인슈타인은 '우리가 지금 직면하고 있는 문제는 그 문제가 만들어졌을 때와 같은 사고방식으로 해결할 수 없다'는 말로 혁신의 중요성을 강조하였다. 청주시정도 관료중심주의 한계를 뛰어넘어 민과 관이 함께 일하는 혁신시정으로 발전하는 날이 하루빨리 도래하기를 꿈꾼다.

부록

송재봉 **인터뷰** 자료

[인터뷰] 『좋은 세상 설계자들』 이재표 기자, 2017. 12. 11.

"지친 적은 있어도 흥미를 잃지는 않았다"

시민운동가가 직업이 된 1세대

세상은 촘촘하게 설계돼 있다. 충청북도 청주 사직동에 사는 홍길동과 서울왕십리에 사는 이몽룡은 정말 아무런 연관도 없을 것 같지만 세상은 크고 작은 수많은 톱니바퀴들과 피대(皮帶)에 의해 직·간접적으로 맞물려 있다.

어떤 곳에서 우연처럼 일어난 행위의 결과는 곧바로 나에게 미칠 때도 있지만 시간이 흘러 나에게 또 다른 우연처럼 도달하기도 한다. 톱니바퀴와 피대는 오래 전에 일어난 행위나 바다 건너 먼 곳에서 발생한 것들과도 서로를 연결시켜준다.

내가 아메리카노를 2500원에 마실 수 있는 것은 르완다 후투족 소년이 하루 25원을 받고 커피 열매를 따기 때문에 가능하다. 남태평

양에 있는 인구 1만 명의 섬나라 투발루는 해마다 5㎜씩 바닷물이 차오른다. 오염과는 무관한 이 나라 국민들은 기후온난화로 인해 난민이 될 판이다.

개인이 노력하고, 좌절하고, 이루어내는 것과는 또 다른 차원에서 세상은 설계된 대로 움직인다. 지구가 자전을 하면서 또 공전을 하는 것처럼…….

그렇다면 세상의 설계자는 누굴까? 실존하는 권력도 누대에 걸쳐 설계에 관여해 왔을 것이다. 어마어마한 자본이 그 권력보다 위에 있는 것처럼 느껴질 때도 있다. 어떤 이들은 국가를 초월한 비밀조직이 있다고도 한다.

분명한 것은 민도(民度)가 높아지면서 설계변경을 요구하는 민(民)의 목소리가 커지고 있다는 것이다. 이러다가 민이 설계를 주도하는 세상이 올지도 모른다. 호소와 청원으로 시작해서 저항으로 이어지다가 세상을 설계하겠다고 달려드는 형국이다. 이것이 시민운동과 실행자들의 역사다.

선언일까, 아니면 고백일까? 시민운동가에서 서울시장이 된 박원순은 스스로를 '소셜 디자이너(Social designer)'라고 부르고 있다.

충북으로 공간을 한정하고, 다시 민(民)이라는 영역으로 좁혀 '세상 설계자'를 찾아보자. 2017년이라는 시점에서 보면 손가락, 발가락을 다 꼽아도 모자랄 만큼 많은 이들이 설계자로 활동 중이다. 시간을 좀 더 거슬러 올라가 보자.

호소와 청원, 저항을 넘어서 시민운동이 세상설계에 참여하기 시작한 시점은 언제일까? 관점과 철학에 따라 논란이 있을 수도 있지만 충북참여자치시민연대의 전신인 '청주시민회'가 출발한 1989년 6월 24일이라는 일설에 무게를실어보자. 출발 당시의 이름은 청주시민회가 아니라 '충북시민회'였다. 1994년, 청주시민회로 이름을 바꿨다. 다시 충북참여자치시민연대로 개명한 것은 2001년이다.

초창기 주역은 초대 회장을 지낸 정상길 치과 원장, 2대 회장을 맡은 이후11년 동안 청주시민회를 이끈 고(故) 최병준 선생, 창립의 실무자로 2000년대 초반까지 집행위원장을 맡았던 정영수 변호사 등이다. 기억 속의 인물들을 호명하자면 이 역시 열 손가락이 부족할 정도다.

그런데 이들은 시민운동에 앞서 사회적으로 자신들의 영역을 구축한 명망가들이었다. 시민운동이 직업은 아니었다는 얘기다. 그렇다면 시민운동이 직업이 된 1세대는 누굴까? 그 시점은 1987년 6·10 민주화운동의 주역들이 대거 사회로 쏟아져 나온 1990년대 초반으로 보면 된다.

도도한 민주화의 물결에 휩쓸렸던 황홀한 추억(?)은 이들 중 일부의 의식에 평범한 회사원이나 자영업자로 살 수 없다는 강박을 형성했다. 어떤 이들은 노동현장으로 투신했고, 어떤 이들은 시민운동을 개척했다. 이른바 운동권 학생들 사이에서 '민중적 삶'과 '애국적 사회진출'이라는 용어가 회자되던 시절이다.

송재봉 충북NGO센터장이자 충북시민재단 상임이사가 바로, 충북의 직업적 시민운동가 1세대 중 한 사람이다. 그는 1993년 8월, 청주시민회 간사를 맡으면서 시민운동에 발을 디뎠다.

누가 나에게 이 길을 가라 하지 않았네

송재봉 충북NGO센터장은 충북 청주로 '흘러온' 사람이다. 송 센터장의 고향은 강원도 정선군 화암면이다. '눈이 올라나 비가 올라나 억수장마 질라나'로 시작되는 그 정선아리랑의 고장이니 당연히 물 맑고 산자수려한 강촌이다. 호롱불을 켜고 살았다면 믿을까. 송 센터장은 초등학교 6학년 때 전기가 처음 들어온 고향 동네에서 중학교까지 다녔다.

오직 들로 산으로 뛰노는 것이 일이었다. 바위절벽과 맑은 시내가 병풍처럼 펼쳐진 배산임수의 지형을 화암8경, '소금강'이라고 불렀다.

고등학교에 진학하기 위해서는 읍내로 나와야 했다. 정선읍에는 정선종합고등학교가 있었다. 하지만 송 센터장은 조금 더 멀리 가기로 했다. 같은 강원도라고는 하지만 두 시간이 넘는 거리에 있는 원주시 대성고등학교에 진학한 것이다. 강릉과 원주를 놓고 견주다가 원주를 택했다. 대성고는 1954년, 생명운동가인 무위당 장일순 선생이 태암 장윤 등과 함께 설립한 학교였다.

원주까지 흘러왔으니 충북 청주로 흘러드는 것은 순방향이었다. 1986년 청주대 정치외교학과에 입학했다. 시절이 시절이니 만큼 대학교에 가면 당연히 데모를 하는 줄 알았다고 한다. 그런데 상황은 예상과 달랐다.

"1학년 학기 초에는 학생들이 몰려나오는 대규모 집회가 없었어요. 4·19집회가 열렸는데 학생 몇몇이 앉아서 '훌라송'을 부르는 정도였으니까. 그러니 집회에 참석한 신입생은 당연히 선배들의 눈에 띄기 마련이죠. 그렇게 운동권이 돼서 1987년 6월 항쟁도 경험했어요. 3학년 때 총학생회 기획부장을 하였고, 4학년 때 교지에 글을 썼다가 수배돼 집행유예를 선고받았어요. 그리고 1991년 4월, 군에 입대했죠."

그런데 세상을 떠들썩하게 만든 사건이 터진다. 1991년 6월12일, 충북지방경찰청 공안 분실이 터뜨린 이른바 '자주대오' 사건이다. 경찰은 "현 체제를 전복하고 민중정부 수립을 기도하려던 청주대 내 비밀지하조직 '자주대오'가 있다"며 열일곱 명을 구속하고 스무 명을 불구속 입건했다.

자주대오 사건은 대학 운동권들의 '군(軍)침투'로 포장됐다. "운동권들이 군을 적화시키려 의도적으로 군대에 침투했다"며 청주대 출신 현역과 방위병 다섯 명이 기무사에 연행돼 조사를 받고 구속됐다. 송 센터장은 그중의 한 명이자, 핵심인물로 분류됐다.

"춘천 102보충대로 들어가서 22사단에 배치를 받고 훈련병으로 퇴소식을 준비하는 도중에 성남 기무사로 끌려갔어요. 자주대오라는 이름도 내가 지은 셈이 됐어요. 조사를 받으면서 '자주'와 '대오'라는 단어를 자주 사용했더니 수사관들이 즉석에서 '자주대오'라고 이름을 지어버리더라고요."

자주대오는 그 뒤로 학생운동과 군 입대자를 엮어버리는 조직사건의 고유명사가 됐다. 아주대, 한남대, 부산대, 전남대 등 전국 10여 개 대학에서 자주대오 사건이 터졌으니 말이다. 조작은 유치했지만 현실은 엄중했다. 조사 과정에서 한 후배가 여자 친구와 빙고게임을 하던 껌 종이가 북한의 지령을 해석하는데 쓰인 '난수표'로 둔갑할 정도였다.

청주시민회에서 충북참여연대로

청주대 자주대오의 주동자였던 송재봉 센터장에게는 군사법원에서 1년6개월이 선고됐다. 자주대오를 북에 지령을 받는 이적단체로 규정한 것 치고는 '태산명동서일필(泰山鳴動鼠一匹)'이었다. 태산이 떠나갈 듯 요동쳤으나 뛰어나온 것은 쥐 한 마리였다는 얘기다.

항소심에서 다시 1년으로 감형됐다. 하지만 청주대 교지사건으로 집행유예 기간에 있었기 때문에 1년10개월을 복역해야 했다. 형 확정 후 대전교도소로 이감됐다가 1993년 3월, 목포교도소에서 출소했다. 그로부터 5개월 뒤 송 센터장이 선택한 '애국적 사회진출'이 바로 청주시민회 간사였던 셈이다.

초기의 청주시민회(충북시민회)는 '관이 주도하는 지역현안에 주민도 참여하겠다'는 것이 목적이었다. 내부적으로 중립성과 순수성을 지키려는 입장이 강했다. 조직 출범과 함께 고속전철역 충북권 유치를 위한 추진위원회를 구성했는데, 이는 시민회가 지역사회에 뿌리를 내리는 계기가 됐다.

청주시 사직동 분수대 인근 건물에서 출발한 청주시민회는 성안동 수성아케이드, 신봉동 청주종합사회복지관을 거쳐 운천동 구 정상길 치과 건물에 자리를 잡는다. 송재봉 센터장도 실무 간사에서 사무국장으로 책임과 역할이 커졌다. 단체의 역할이 단순한 참여에서 '감시'로 한 계단 더 올라선 것도 이 즈음이다.

1991년 지방의회가 부활했다. 읍장, 면장까지 주민 손으로 뽑던 정부수립 직후의 지방자치제도는 5·16군사쿠데타에 의해 강제로 중단됐었다. 이어 1995년에는 시장·군수, 도지사까지 주민들이 직접선거로 뽑게 됐다. 청주시민회는 1990년, 지역의 시민단체, 종교단체들과 함께 가장 낮은 단계의 유권자 참여운동인 공명선거실천운동(공선협)을 주도한다.

그리고 2000년, 시민운동사에 한 획을 그은 '낙천낙선운동'이 전개된다. 16대 총선을 앞두고 낙천대상 후보를 선정해 각 정당을 상대로 낙천운동(공천반대운동)을 전개했고, 그럼에도 불구하고 공천장을 받은 후보를 대상으로는 낙선운동을 펼쳤다. 정치권의 반발이 거셌고, 선거법 위반 논란이 제기됐지만 '바꿔 열풍'은 전국을 휩쓸었다.

송재봉 센터장은 시민운동가로 살아온 24년의 일대사(一大事)로 '낙천낙선운동'을 꼽는다.

"시민운동이 정치권력에 대해 영향을 미칠 수 있다는 것에 대해서 실증적으로 체험한 사건이었습니다. 대중적인 참여나 지지가 있었기에 가능했던 거였죠. 시민운동에 대한 존재가치나 의미가 높아졌죠. 시민운동가들에 대한 인지도도 그때 향상됐어요. 거꾸로 그때부터 견제가 시작되기도 했어요. 시의회 의장 선거와 관련해 부적격이라는 성명을 냈더니 언론에서 '시민단체의 월권'이라고 지적하더라고요." 내용의 진보는 형식의 변화로 귀결된다. 낙천낙선운동 이듬해인 2001년 1월, 청주시민회는 정기총회를 통해 '충북참여자치시민연대(참여연대)'로 개명한다. 하지만 변화에는 반작용도 따르기 마련이어서 개명 결정에 대한 찬반이 충돌하기도 했지만 정치개혁운동과 주민참여운동을 담아내기 위한 더 큰 그릇이 필요하다는 것에 대한 공감이 더 컸다.

2000년에도 의약분업과 관련해 시민회에 몸담았던 의사들이 대거 이탈하는 사건이 있었다. 송 센터장은 그때 조직의 정체성에 대해 혼란스러움을 느끼기도 했다. 활동가로 살아가는 것에 대한 두려움과 심적 갈등도 다가왔다. 산이 높으면 골이 깊다는 것도 그때 깨달았다.

조직도, 송 센터장 스스로도 커지기 위해 겪어야하는 '성장통(成長痛)'이었다. 사무국장과 간사 정도만 있던 시민회에서 대여섯 명의 활동가가 일하는 사무처가 만들어졌고 송재봉 사무국장은 사무처장을 맡게 됐다.

시민운동의 진화, 충북NGO센터

참여연대는 이름값에 걸맞은 위상을 갖추기 위해 다양하게 활동해 왔다. 의정지기를 조직해서 대의(代議)민주주의 기관인 지방의회와 의원들에 대한 감시활동을 강화했다. 여기에서 그치지 않고 직접민주주의를 증진시키는 각종 조례의 제·개정과 주민감사 청구에도 적극성을 보였다.

그 중에 하나가 2004년, 전국 최초로 시민참여기본조례를 제정한 것이다. 청주시 공무원들의 시간외 근무수당 편법수령, 청주시 음식물쓰레기 비리 의혹 등과 관련해 주민감사를 청구해 문제점을 파헤치는 등 직접 민주주의 발전에도 크게 기여했다. 하지만 지방자치 발전과 관련해서는 한계를 느끼는 측면도 적지 않다.

"1991년 지방의회 부활부터 따지면 25년도 넘었어요. 출발과 지금을 비교해 보면 물론 많은 변화가 있는 것은 맞습니다. 하지만 의회의 수준을 평가하라면 독립성, 정책역량, 집행부에 대한 견제기능 등의 측면에서 아직 50점 미만이라는 생각이 듭니다. 시장, 군수나 도지사 등 단체장들도 대부분 관료 출신이라 변화할 기회가 별로 없었죠. 그들만 탓할 것이 아니라 변화의지를 갖춘 사람, 훈련된 사람들을 지방자치로 밀어내지 못한 시민진영 내부에서도 문제를 찾아야 합니다."

그렇다면 시민운동은 얼마나 진화했을까? 조직을 논하기 전에 시민운동가의 살림살이는 좀 나아졌는지 궁금해 하는 사람들이 적지 않다. 같이 술 한잔 기울이고 나면 "이제 좀 먹고살 만은 하냐"고 물어오는 이들도 있다. 한때는 그런 질문이 금기시(?)되던 때도 있었다. 규모를 갖춘 단체들의 경우 활동가들의 급여나 복지 등에 있어서 과거에 비해 상대적으로 나아진 것은 사실이다.

시민운동 조직에 있어서 가장 큰 변화는 부문별 영역에 대한 섹터(Sector)를 이루면서 다양화, 전문화를 이룬 반면, 파편화되기도 했다는 것이다. 다양성의 측면에서 보면 시민단체는 이제 진보의 전유물이 아니다. 2017년 열린 3회 NGO페스티벌은 진보성향의 시민운동과 동아리, 보수단체까지 어우르는 다양한 협력의 장이었다.

오직 현장중심의 조직만 있다가 새로운 유형의 활동가군이 나타난 것도 일종의 진화라고 볼 수 있다. 중간지원조직이나 민·관 협치 역할을 하는 거버넌스 조직들이 그것이다.

시간이 흐르는 동안 참여연대와 경실련, 환경련 등은 정부 예산지원이나 정부 지원사업 없이 회원들의 회비 납부로 자리를 잡았다. 이에 반해 다양화된 스펙트럼 속에서 사무실 공간 등 실질적인 도움이 아쉬운 작은 단체들도 적지않다. 이 같은 바람 속에서 2012년 문을 연 것이 충북NGO센터다.

모델사례는 부산과 광주의 NGO센터였다. 하지만 두 지역의 NGO센터가 중앙정부의 정책에 따라 만들어졌다면, 충북은 100% 지자체 재원과 조례에 의해 탄생한 첫 사례였다.

"2010년 지방선거에 출마한 도지사 후보자들을 대상으로 공약을 제안했는데 이시종 후보가 받았고, 당선이 됐습니다. 조례 등 준비절차를 거쳐 충청북도가 건물 임대, 기자재, 물품 등을 대서 출범하게 됐죠. 서울에서도 왔고, 지금은 충북이 선진사례로 손꼽히고 있어요." 하지만 가야할 길은 아직도 멀다. 단체들이 무엇을 바라고 있는지 정확히 알고 있기 때문이다. 규모가 작은 단체들은 공간 확보를 원하지만 아직은 공유에 그치고 있는 수준이다. 실질적인 재정지원도 갈 길이 멀다. 청주 이외 지역에 대한 NGO 인큐베이팅도 여전히 안고 있는 숙제다.

자본, 탐욕이 아니라 공익을 향해 흐르게

송재봉 센터장은 2012년 9월부터 NGO센터를 수탁 운영하고 있는 (사)충북시민재단의 상임이사를 겸하고 있다. 충북시민재단은 2011년 10월에 설립됐다. 비영리민간단체인 시민재단은 모금사업을 통해 기금을 조성하고 이를 배분하는 기관이다. 모금 및 배분 기관이라고 하면 흔히 성금을 모아 어려운 이웃들을 돕는 자선기관을 떠올리기 마련이다. 하지만 시민재단은 성격이 다르다. 지역사회가 안고 있는 문제를 해결하기 위해 돈을 모으고 배분한다. 물론 구휼도 지역사회가 안고 있는 문제를 풀어가는 방식 중에 하나다. 하지만 시민재단이 집중하는 분야는 공익활동을 하고 있는 사람과 단체에 대한 지원이다. 시민재단은 대략 공익활동에 60%, 소외계층에 40% 정도의 비율로 배분하고 있다.

시민재단이 전개하는 긴급구호에는 주제가 있다. 시민재단은 그동안 학교밖 청소년이나 결식아동들을 대상으로 상담과 급식을 지원해 왔다. 또 에너지빈곤층의 난방문제 해결을 위해서도 노력해 왔다. 홀몸 노인들을 대상으로 한 난방텐트 지원도 그 중에 하나다.

"불우한 사람들을 돕는 게 나눔의 전부가 아닙니다. 구호활동은 엄밀히 말해 국가가 해야 할 일이죠. 시민재단은 지역사회를 밝게 만들어가는 일을 담당하고 있습니다. 공익활동을 하는 사람과 단체를 후원하는 거죠. 좋은 일을 하는 사람들을 더 잘 할 수 있도록 도와주면 살기 좋은 세상이 만들어지는 것 아닐까요?"

송재봉 센터장(시민재단 상임이사)의 말처럼 시민재단의 미션은 '아름다운 나눔, 행복한 변화'다. NGO들이 꿈꾸는 세상이 현실이 될 수 있도록 필요한 재원을 만드는 것이 시민재단의 업무다. NGO의 공익활동 프로그램, 기자재를 지원하기도 하고 활동가를 격려하고 양성하는 일에 사용하기도 한다. 예컨대 '쉼프로젝트'는 활동가들이 자신을 충전하는 프로그램이다. NGO활동가 세 사람 이상이 모여서 여가나 연수를 기획하면 프로그램 당 50만원을 지원하고 있다. 해외연수, 세대공감 프로그램을 지원하기도 한다.

"충북NGO센터와 충북시민재단이 맞물려 움직이면서 NGO와 사회적 경제 조직의 네트워크 사업이 활발해지고 있어요. 사회적 경제를 후원하기 위한 목적으로 사회적경제 '씨앗기금'을 조성해 운영하고 있습니다. 씨앗기금은 진입단계의 사회적 경제조직과 활동가 지원으로 사회적 경제를 활성화하고 자율성, 독립성을 강화하는 데 쓰입니다. 대표적인 것이 '사회적 기업가 육성사업'을 통해 공익성을 띤 스타트업 기업을 발굴하고 후원하는 것이죠."

의정모니터'나 '생활자치아카데미' 등도 시민재단이 후원하는 프로그램들이다. '생활자치아카데미'는 2012년 시작돼 2017년 현재 6기를 배출했다. 이밖에도 활동가 자녀들을 대상으로 장학금도 지급하고 있다. 충북도에 등록된 NGO, 즉 공익목적의 비영리민간단체는 420개에 이른다. 여기에 사회적협동조합까지 포함하면 지원대상은 500여 개 단체에 이른다.

"모금액이 점점 늘어나 이제는 연간 3억 원 정도에 이르고 있습니다. CMS 소액 기부자들이 낸 후원금 재단 운영비 등으로 사용하고, 연간 100만 원 이상을 내는 후원자들을 모아 '1004클럽'이라는 기부자 모임을 만들었습니다. 1004클럽은 연간 100만 원 이상을 지속적으로 후원하는 사람을 1004명 만들겠다는 상징적 의미를 담고 있는 건데요. 그렇게 되면 1004클럽을 통해서만 연간 10억 원 이상을 모금할 수 있겠죠."

일이 곧 '충전'이라는 좋은 세상 설계자

자본의 본질은 탐욕적인 것이었다. 하지만 '동반(同伴)과 지속(持續)'이라는 명제를 끊임없이 고민하는 성찰하는 자본도 있다. 혼자 가면 빨리 갈 수 있다. 하지만 함께 가면 멀리 갈 수 있다. 시민운동이 자본과 힘을 모아 상생의 길을 모색한다면 이는 좋은 세상을 설계하는 것이 맞다. 그리고 그 주역들은 '좋은세상 설계자들'이 분명하다.

좋은 세상 설계자들은 낙관적, 낭만적 운동가들이어야 할 것이다. 그들이 설계하는 세상이 장밋빛 청사진이어야 하기 때문이다. '장밋빛 청사진'이라는 표현이 '이루어지지 않을 공상' 쯤으로 오인되는 시대에 비관적이거나 눈앞의 현실만을 보는 리더십은 대중을 오도(誤導)할 가능성이 높다. 송재봉 센터장은 낙관의 힘을 경험했다. 고난을 통한 단련도 습관이 됐다.

"2004년, 행정수도가 헌법재판소에서 위헌판결을 받았죠. 행정수도 이전사업이 시들해질 위기에 처했어요. '충북 범도민 연대'에 100여 개 단체가 모여 있었죠. 이순신 장군을 주제로 도민 참여를 이끌어내기로 했어요. 이순신 장군 얼굴이 있는 100원 짜리 동전 150만

개를 모으자고 했죠. 150만 개는 충북도민 전체를 의미하는 거였죠. 도민의 의지가 담긴 150만 개의 이순신(!) 동전을 모아 정부와 정치권에 전달하기로 했는데, 57만 개를 모았어요. 그런데 그 돈이 종잣돈이 돼 충북지역개발회 내에 시민사회 기금 1억 8,000여만 원으로 불어났어요. 행정중심복합도시 건설이라는 성과와 함께 이 기금은 지금까지도 지역사회 공익활동가들의 연수비용으로 사용되고 있어요. 낙천낙선운동과 함께 시민운동의 위력을 느꼈던 사건이죠."

장밋빛 청사진인 행정수도는 아직도 이뤄지지 않았다. 그보다 낮은 단계인 행정중심복합도시마저도 수정안으로 변질될 뻔했다가 국민여론에 의해 다시 궤도에 올랐다. 정권이 두 번 바뀌고 나서야 '세종시=행정수도' 개헌을 해야 한다는 여론이 힘을 얻고 있다. 낙관적, 낭만적이 아니라면 길을 만들지 못할 것이다.

"시민운동가로 살아오면서 일시적으로 지친 적은 적지 않습니다. 하지만 일을 하는 과정이 나를 충전하는 과정이 됐습니다. 지치는 게 문제가 아니라 지속적으로 흥미를 느낄 수 있느냐가 더 중요합니다. 일을 시작할 때부터 재미없으면 그만두겠다고 생각했어요. 그런데 아직까지 그런 순간은 없었습니다."

[인터뷰] 중부매일 김홍민 기자, 2021.09.13.

3년여 간 청와대 근무 마감한 송재봉 행정관
"청와대 경험 살려 혁신적 사고로 관료정치 타파"

충북의 직업적 시민운동가 1세대로 꼽히는 송재봉 대통령비서실 행정관(53)이 3년여 간의 청와대 생활을 정리하고 13일 퇴임했다.

1986년 청주대 정치외교학과에 입학했던 송 전 행정관은 군복무 중 학생운동 경력으로 인해 1년 10개월을 복역한 뒤, 1993년 8월 충북참여자치시민연대(옛 청주시민회) 간사를 맡으면서 시민운동에 발을 내디뎠다. 25년여 간의 시민사회단체 활동을 해온 그는 "시민의 집단지성을 통해 청주의 미래비전을 만들어가겠다"며 청와대 경험을 기반으로 새로운 도전을 준비하고 있다.

시민운동가가 꿈꾸는 미래 청주는 어떤 모습일지 서면인터뷰를 통해 소개한다. /편집자

송재봉 전 행정관은 지난 2018년 11월 대통령비서실 시민사회수

석실 소속 사회조정비서관실로 청와대에 첫 입성해 같은 수석실 제도개혁비서관실로 옮긴 후 2021년 9월 13일 스스로 물러났다.

송 전 행정관은 퇴임 소감으로 "'서는 곳이 바뀌면 풍경도 달라진다'는 말을 실감하며 청와대에서 3년을 보냈다"고 말문을 열었다.

그는 "'문제 제기자'에서 '문제 해결자'로 역할이 바뀌면서 다양한 측면을 종합적으로 바라보는 시각과 역지사지(易地思之)하는 마음을 배울 수 있었다"고 밝혔다.

이어 "지난 3년 동안 다양한 분야의 국정을 경험하면서 느낀 점은 국민을 위한다는 선의로 하는 모든 정책에 이해관계자의 이익이 충돌하며 갈등이 발생하기 때문에 정책설계단계에서 보다 꼼꼼한 점검이 꼭 필요하다는 것이었다"고 말했다.

그러면서 "새벽같이 출근해서 하루 세끼를 구내식당에서 해결하는 날들도 많았지만 국민을 위해 봉사하는 정부, 나라다운 나라를 만들겠다는 열정과 전문성을 가지고 헌신적으로 일하는 쟁쟁한 인재들과 함께 일할 수 있어 행복했다"고 회고했다.

그는 청와대에서 재직했던 사회조정비서관실(2018.11~2019.7)과 제도개혁비서관실(2019.8~2021.9)의 업무에 대해서도 설명했다.

송 전 행정관은 사회조정비서관실에서 갈등관리 업무를 담당했다.

엄청난 사회적 비용을 지불하는 장기 복합 갈등을 원만히 해결하는 것은 문재인 정부의 중요한 과제다.

그는 "쌍용자동차 해고자 복직을 포함해 전공노 해고자 복직, 다국적 악기회사 콜트·콜텍의 정상화, 유성기업, 톨게이트 요금수납원 직고용 등의 문제들이 해결 또는 완화된 것은 의미 있는 성과였다"고 자평했다.

특히 "장기 지속되는 사회갈등을 접하면서 갈등의 예방과 조정, 관리를 위한 법률과 조례 마련, 갈등 조정가 양성, 숙의 공론화 등 집단지성을 통한 문제해결 역량 강화 필요성을 확인할 수 있었다"고 말했다.

송 전 행정관은 제도개혁비서관실로 옮긴 후 정부혁신, 민원·제도개선, 지역사회혁신 등 정부의 일하는 방식을 국민 중심으로 전환하고, 민관협력형 사회혁신 모델을 확산하는 다양한 정책들을 점검하고 개선하는 일을 했다.

그는 "국민비서, 보조금24 등 국민 체감형 공공서비스 도입, 실패와 재도전을 지원하는 생애주기별 원스톱 서비스, 다부처가 연계 지역활성화를 지원 모델, 소통협력공간과 지역문제해결플랫폼 확산, 협치형민간위탁 가이드라인 마련 등 지역쇠퇴에 대응한 지역혁신생태계를 구축하는 일도 기억에 남을 것 같다"고 했다.

다만 "지역사회혁신 제도기반 마련을 위한 지역사회혁신 지원법과 마을공동체활성화 기본법, 주민자치회 전환 근거법 등 주민참여와 자치를 활성화하기 위한 법률제정을 마무리하지 못한 것은 아쉬움으로 남는다"고 토로했다.

송 전 행정관은 "충청권 광역철도 청주도심 통과 등 충북과 청주의 각종 현안문제와 시민들의 제도개선 제안에 대한 소통창구 역할도 작지만 의미 있는 일이었다"고 밝혔다.

과거 그의 시민사회단체 활동이 궁금했다.

그는 1993년 8월 1일 충북참여연대 간사로 시작해 25년 동안 활동했다.

송 전 행정관은 "청년 시절 불의와 불평등, 특권과 반칙, 부정부패를 극복하고 시민이 지역사회의 당당한 주인으로 대접받는 정치적·경제적 민주주의가 뿌리내린 대한민국을 만들고 싶었다"며 "시민들이 정치, 행정, 문화, 환경, 인권 등 다양한 분야에 참여해서 변화와 혁신을 만들어 내기 위해서는 시민단체 활동이 필요하단 생각에서였다"고 입문 배경을 소개했다.

그가 19년을 몸담은 충북참여연대는 경부고속철도 오송 유치 운동, 직지찾기 운동, 부패무능정치 청산 낙천낙선운동, 청주청원통합운동, 행정중심복합도시 조성, 시민참여기본조례 제정 등 지역사회 현안에 시민의 목소리를 담고 구체적인 성과를 만들어내기도 했다.

이어 그는 2011년 시민운동을 지원하는 중간지원 조직인 충북시민재단을 창립하고, 충북도NGO센터를 위탁운영 하면서 민·관 협치와 인력양성, 지역선순환경제에 기여하는 사회적 경제 육성, 주민주도 사회문제 해결 플랫폼 구축, 지역출판 동네서점 살리기, 사회적 기부문화 확산 등 지역의 지속가능성과 시민의 삶을 개선하는 일에 주력했다.

송 전 행정관은 "시민운동은 사회 불평등과 부정의를 개선하기 위해 나눔과 연대, 공생과 공유의 가치를 생활 속에서 실천하는 평범한 시민들의 활동"이라며 "저의 보람은 이와 같은 선한 의지를 가진 시민들과 격의 없이 만나 지역현안을 논의하고 함께 어울려 서로의 어려움을 돕는 공동체 속에서 일하고 성장할 수 있었던 모든 과정 과정이 즐겁고 행복했었다"고 말했다.

향후 계획에 대해 질문했다.

송 전 행정관은 "지금까지 가보지 않은 새로운 길인 정치인으로서의 제2의 삶에 대해 깊이 고민하고 있다"고 답했다.

"지금까지 가보지 않은 새로운 길인 정치인으로서의 제2의 삶에 대해 깊이 고민하고 있다"고 답했다.

그는 "고민의 출발은 청주가 변하려면 익숙한 일을 반복하는 관료정치 시대에서 혁신적 사고와 실천으로 시민의 삶을 바꾸는 생활정치의 시대로 전환돼야 한다는 오랜 신념 때문"이라고 강조했다.

송 전 행정관은 "시민들을 만나서 대화하다 보면 청주는 청년이 떠나는 도시, 볼거리 놀거리 먹을거리가 부족한 노잼도시, 디지털 그린뉴딜로 대표되는 전환도시에 대한 전략과 실천의지가 부족하다는 지적을 받고 있다"고 했다.

이어 "타 지역의 선례를 따라가는 2등 도시 전략으로는 이러한 문제의 해법을 찾기 어렵다. 소통과 협치를 기반으로 경제 문화 환경 도시계획 등 각 분야를 혁신해 혁신형 선도도시 전략으로 전환해야 한다"고 말했다.

그는 "코로나와 기후위기, 지역쇠퇴와 불평등 심화, 디지털 전환의 시대를 주도하는 도시가 되려면 소통과 협치역량, 디지털 활용역량, 갈등조정역량, 도전적인 문제해결 역량을 갖춘 젊고 혁신적 리더십을 시민들은 요구하고 있다"고 주장했다.

송 전 행정관은 "앞으로 일상을 살아가는 많은 시민들을 만나 경청하고 시민의 집단지성을 통해 청주의 미래비전을 만들어가겠다"고 다짐했다.

그의 고향은 충북이 아닌 강원도다.

이에 대해 송 전 행정관은 "정체된 도시를 변화시키려면 ▷지역의 장단점을 객관화해서 바라보고 합리적 해법을 찾아내는 외부인의 시선 ▷실패와 난관을 극복해 내기 위해 과감히 도전하는 청년 정신 ▷지역 현안에 몰입해 궁극적 성과를 만들어내는 열정 넘치는 사회혁신가가 있어야한다"고 강조했다.

그는 "청주시가 안전한 2등을 추구하는 기존 패러다임을 뛰어넘어 젊고 혁신적인 개방형 도시로 발전하려면 이런 3개 요소를 갖춘 정치인이 필요하다"고 역설했다.

아울러 "지역의 특정 학연과 혈연에 속하지 않았기 때문에 능력 위주의 탕평인사로 공직자들이 열정을 다해 성과를 중심으로 일하는 공직문화를 만드는데 긍정적인 효과를 낼 수 있다"고도 했다.

그는 "정치인을 평가하려면 그가 지금 서있는 위치와 말을 보지 말고 그가 살아온 과정을 함께 살펴야 한다"고 언급하고 "그동안 지역발전을 위해 얼마나 일관성 있게 지역민과 호흡하며 변화를 위해 고민하고 실천해 왔는지 살피는 것이 더 중요하다"고 강조했다.

송 전 행정관은 "시민이 주인 되고 우리의 아이들이 살아갈 미래 청주를 위해 초심을 잃지 않고 일관성 있게 지역발전을 견인하겠다"고 약속했다.

송재봉이 걸어온 길

1969	9	강원도 정선출생
1986	2	원주 대성고등학교 졸업
1990	2	청주대학교 정치외교학과 졸업
2005	8	충북대학교 행정대학원 행정학과 졸업
2011	8	충북대학교 행정학과 박사과정 수료

1993	8	충북시민회(현 충북참여자치시민연대) 입사
1995	3	청주시민회 사무국장
	4	공명선거실천시민운동충북협의회 사무국장
	4	청암 한봉수 의병장 동상건립추진위원회 사무국장
2000	1	충북총선시민연대 사무국장
2001	2	충북참여자치시민연대 사무처장
2002	10	충북시민사회단체연대회의 사무국장
2003	10	충북정치개혁연대 공동집행위원장
	1	지방분권국민운동충북본부 공동집행위원장
	11	신행정수도지속추진범충북도민연대 상임집행위원장
2007	5	6.10항쟁 20주년기념충북추진위원회 공동집행위원장
2008	2	충청대 행정학부 겸임교수
2009	3	청원청주생생발전위원회 공동집행위원장
2011	10	사)충북시민재단 상임이사
2012	9	충북참여자치시민연대 사무처장 퇴임
	10	충북NGO센터 센터장
2013	5	청주시재개발·재건축주민생존권대책위원회 공동대표
	9	혁신자치포럼 공동대표
2014	4	청주대학교민주동문회 회장
2015	5	충북사회적경제협의회 상임공동대표
2016	2	청주대학교 총동문회 상임부회장
	4	충북지속가능발전실천위원회 마을자치분과 위원장
	6	충북지역출판·동네서점살리기협의회 회장
2018	11	청와대 사회조정비서관실 행정관
2019	9	청와대 제도개혁비서관실 행정관
2021	9	청와대 행정관 퇴직
	11	청주상생포럼C⁺ 공동대표
	12	더불어민주당 충북도당 부위원장

수상 내역

2002	1	제1회 동범상 수상
2015	7	국무총리 표창장 수상
2015	7	세종특별자치시 시장 표창장

시민의 꿈 혁신의 길

2022년 1월 15일 초판 1쇄 발행

지은이 송재봉
펴낸이 유정환
펴낸곳 도서출판 고두미
　　　　등록 2001년 5월 22일(제2001-000011호)
　　　　충북 청주시 상당구 꽃산서로8번길 90
　　　　Tel. 043-257-2224 / Fax. 070-7016-0823
　　　　E-mail. godumi@naver.com

ⓒ송재봉, 2021
ISBN 979-11-91306-22-4　03330

값 15,000원

※ 지은이와 협약에 따라 인지를 붙이지 않습니다.
※ 잘못 된 책은 구입한 곳에서 바꾸어 드립니다.